新媒体背景下
高校辅导员工作室的
构建与运营研究

武子楠 著

河北大学出版社
·保定·

出 版 人：马　力
责任编辑：鹿巧利
装帧设计：王占梅
责任校对：兰彩红
责任印制：常　凯

XINMEITI BEIJING XIA
GAOXIAO FUDAOYUAN GONGZUOSHI DE
GOUJIAN YU YUNYING YANJIU

图书在版编目（CIP）数据

新媒体背景下高校辅导员工作室的构建与运营研究 / 武子楠著. -- 保定：河北大学出版社，2025. 4.
ISBN 978-7-5666-2343-0
Ⅰ. G645.1
中国国家版本馆CIP数据核字第2025EE9827号

出版发行：河北大学出版社
地址：河北省保定市七一东路2666号　邮编：071000
电话：0312-5073003　0312-5073029
网址：www.hbdxcbs.com
邮箱：hbdxcbs@163.com
经　　销：全国新华书店
印　　刷：河北晔盛亚印刷有限公司
幅面尺寸：170 mm×240 mm
字　　数：200 千字
印　　张：13.75
版　　次：2025 年 4 月第 1 版
印　　次：2025 年 4 月第 1 次印刷
书　　号：ISBN 978-7-5666-2343-0
定　　价：89.00 元

前 言

QIAN YAN

随着新媒体技术的迅猛发展，信息化、数字化已经成为现代社会发展的主旋律。这一趋势不仅改变了人们的生活方式，还深刻影响了各行各业的运作模式。在这一过程中，高校辅导员的工作也迎来了新的机遇与挑战。高校辅导员作为学生管理和思想政治教育的主力军，一直以来在学生的成长与发展中扮演着至关重要的角色。然而，传统的辅导员工作模式面临着效率低下、互动不足以及信息闭塞等问题，迫切需要寻找创新的解决方案。新媒体的兴起为高校辅导员工作带来了变革的契机，尤其是在学生思想政治教育、心理健康支持、学业生涯规划等方面提供了全新的视角和实践方式。在这一背景下，辅导员工作室作为一种创新的教育形式，逐渐在高校中兴起。通过结合新媒体平台和工具，辅导员工作室能够更加高效地管理学生、传播校园文化、提升思想政治教育质量，同时也为学生提供个性化的心理支持与职业规划指导。新媒体背景下的辅导员工作室，不仅是辅导员专业能力和服务质量的体现，更是高校管理创新的一个重要方向。

《新媒体背景下高校辅导员工作室的构建与运营研究》一书，围绕着新媒体对高校辅导员工作方式的影响、辅导员角色的转变、工作室的组织构建以及运营管理等方面展开。本书通过对新媒体的深入剖析，探讨了新媒体时代对高校辅导员工作的深远影响，分析了辅导员工作在新媒体环境下的转型需求。在此基础上，本书提出了辅导员工作室的构建框架，明确了工作室的功能定位和组织结构，并对如何通过新媒体工具与平台有效提升辅导员工作室的工作效能进行了探讨。在运营管理部分，本书详细分析了辅导员工作室的运营目标、绩效评估机制、制度建设以及资源整合等关键要素，提出了一套完整的管理模式。通过对国内外成功案例的研究，本书总结了辅导员工作室在实际运行中的创新实践，探索了如何通过线上线下结合的混合式教育模式，实现学生思想政治教育、心理健康支持、学业规划等多方面的目标。

本书具有重要的学术意义和实践价值。首先，从学术角度看，随着新媒体技术的发展，高校辅导员的工作方式正在发生深刻变革，而这一领域的研究尚处于起步阶段。本书通过对新媒体背景下辅导员工作室的构建与运营的系统性研究，填补了这一领域的空白，拓展了新媒体在高校管理与教育中的应用研究。通过案例分析与理论探讨，本书为高校辅导员工作的创新与实践提供了丰富的参考资料和理论依据，为相关学科的研究者提供了新的思路。其次，本书的出版对于高校辅导员的职业发展具有重要的现实指导意义。在高校辅导员的日常工作中，如何高效地开展思想政治教育、学生管理、心理辅导等工作，一直是教育工作者关注的重点问题。随着新媒体技术的不断发展，传统的教育方式和管理模式已难以满足当今高校学生日益多样化的需求。通过本书的指导，高校辅导员可以更好地理解新媒体工具与平台的运用，提升自身的工作能力和专业素养。最后，随着我国高等教育体系的不断完善，高校辅导员工作的重要性也愈加凸显。尤其在当前社会背景下，辅导员不仅仅是学生的管理者，更是学生的思想引领者和心理支持者。本书提出的创新管理模式与运营策略，能够为高校辅导员提供实践的路径和方法，有助于推动高校辅导员工作的创新与提升，为高校学生的全面发展提供有力的支持。

作者

2025 年 1 月

目 录

MU LU

第一章　导论

第一节　研究背景与意义

一、研究背景

随着信息技术的日新月异，传统教育方式面临着前所未有的挑战与机遇。

从信息传播和接收方式的角度来看，过去以面对面交流为主导的模式正逐渐被数字化互动所取代。在高校教育环境中，这种转变尤为显著。如今的大学生作为数字时代的主力军，他们成长于信息爆炸的环境，对信息的获取和传播有着独特的需求和方式。学生群体的多样性日益凸显，不同专业、不同背景的学生在学习、生活和心理等方面的需求呈现出多元化的态势。同时，他们对信息化的需求也越来越高，渴望通过更加便捷、高效的方式获取知识和服务。在这一复杂的背景下，辅导员作为高校学生思想政治教育和日常管理工作的核心力量，其传统的工作方式和手段面临着严峻的考验。在信息技术飞速发展的今天，辅导员的角色正经历着显著变化。他们早已超脱了传统意义上单纯的学生管理者形象，不再局限于机械地传达学校的规章制度和指令。取而代之的是，他们需要承担起更多元化的角色，成为学生思想的引导者、信息的传播者、心理的辅导者，甚至是职业规划的导师。

新媒体技术的持续进步，特别是社交媒体、即时通信平台以及在线学习平台的广泛普及，为高校辅导员的工作带来了新的契机和广阔的平台。以社交媒体为例，辅导员可以通过微博、微信公众号等平台，及时发布学校的通知、活动信息以及思想政治教育内容，突破了传统信息传播在时间和空间上的限制，大大提高了信息传播的效率。即时通信平台则为辅导员与学生之间提供了更加便捷、即时的沟通渠道，使辅导员能够及时了解学生的思想动态和生活状况，给予针对性的指导和帮助。在线学习平台则为学生提供了丰富的学习资源，辅导员可以利用这些平台引导学生进行自主学习，培养学生的学习能力和创新思维。

然而，新媒体在为辅导员工作带来便利的同时，也带来了一系列新的挑战。其一，信息的海量增长导致信息过载问题日益严重，辅导员需要在纷繁复杂的信息中筛选出有价值的内容，并准确传达给学生，这无疑增加了工作的难度和管理压力。其二，新媒体环境下信息传播的边界变得模糊，信息的真实性和可靠性难以保证，一些不良信息可能会对学生的思想和价值观产生负面影响。其三，随着学生个人信息在网络上的广泛传播，隐私保护问题也成了辅导员工作中需要关注的重要方面。如何在利用新媒体提升工作效率的同时有效应对这些挑战，成为摆在高校辅导员面前的重要课题。

二、研究意义

本研究聚焦于新媒体背景下辅导员工作室的构建与运营，具有重要的理论价值和实践意义。

从理论价值角度审视，本研究在一定程度上拓展了辅导员工作研究的领域，填补了新媒体环境下辅导员工作室研究的空白。辅导员工作是一个综合性的领域，不仅涉及学生思想政治教育这一核心内容，还广泛涵盖学生心理健康、职业发展、学业辅导等多个方面。新媒体的广泛应用为这些工作内容的深化与创新提供了全新的研究视角。通过对辅导员工作室的深入研究，本书旨在为学术界提供一个系统的理论框架，推动新媒体教育研究在辅导员工作这一细分领域的发展。这一理论框架将有助于进一步明确辅导员工作室在新媒体环境下的定位、功能和运作机制，为后续相关研究提供理论基础和研究方向。

从实践意义方面考量，本研究为高校辅导员的工作创新提供了切实可行的理论支持和实践指导。在新时代背景下，高校辅导员面临着学生多样化需求的挑战，如何更好地满足这些需求，提升工作质量，是亟待解决的问题。通过对新媒体平台和工具的深入剖析，本研究提出了一系列在高校辅导员工作中有效利用新媒体的策略。

尤为重要的是，本研究对辅导员工作室构建的框架和运营模式进行了深入探讨，为高校在实际操作中提供了具有可操作性的解决方案。从工作室的组织架构设计、人员配置到硬件与软件资源的合理配置，再到运营管理模式中的目标设定、绩效评估以及制度建设等方面，都给出了详细的建议和指导。这些方案将有助于高校在建设辅导员工作室时少走弯路，提高工作室的建设效率和质量，使其能够更好地发挥在学生管理、思想教育、心理支持、职业发展等方面的作用，从而提升学生的满意度和参与度，为高校的人才培养工作提供有力保障。

第二节　研究目的与内容

一、研究目的

随着新媒体技术的持续迭代更新，高校辅导员的工作正处于一个前所未有的变革时期，面临着诸多新的机遇与挑战。在这一背景下，辅导员的角色内涵正经历着深刻蜕变，早已超脱了传统意义上作为学生管理者的单一维度。如今，他们需要承担起信息传播者的角色，及时、准确地向学生传递各类信息；作为心理辅导者，关注学生的心理健康，帮助他们解决成长过程中遇到的心理问题；成为思想引领者，引导学生树立正确的世界观、人生观和价值观；甚至要担当职业规划的导师，为学生的未来发展提供专业的指导和建议。基于以上认识，本研究致力于全面分析辅导员角色转变的过程，深入探索他们在信息化背景下如何更好地完成传统工作任务，同时积极应对新出现的挑战和需求。具体而言，本研究希望达成以下两个主要目标：

其一，通过深入分析新媒体对高校辅导员工作的多维度影响，系统探讨新媒体环境下辅导员角色的转变。这不仅包括分析这种转变对辅导员工作内容的具体影响，例如，如何将新媒体技术融入思想政治教育、心理健康辅导等工作中，丰富工作内容的呈现形式和传播渠道；还涉及对工作方式的变革研究，如利用新媒体平台创新与学生的沟通方式、管理方式等；以及对工作目标的重新审视，明确在新媒体时代如何更好地实现学生的全面发展和成长成才。

其二，本研究旨在提出一套全新的工作室构建框架和科学合理的运营模式。通过精心设计合理的组织架构，明确工作室各层级的职责和分工，提高工作效率；进行科学的资源配置，包括硬件设施和软件资源的合理调配，为工作室的正常运转提供有力保障；建立完善的管理机制，如绩效评估机制、监督机制等，确保工作室的各项工作有序开展；以及充分应用新媒体工具，实现线上线下相结合的工作模式，全面提升辅导员工作室的运营效率与服务质量。

二、研究内容

本研究紧扣信息技术发展趋势，深度探究新媒体环境下高校辅导员工作室的构建与运营模式，旨在为高校辅导员工作的创新优化提供兼具前瞻性的理论支撑与切实可行的实践指导，具体从以下几个方面展开深入研究。

第一，新媒体背景下辅导员角色转变。分析新媒体技术的迅速发展如何影响辅导员的工作方式与职能，探讨辅导员从传统的学生管理者、思想政治教育者转变为信息传播者、心理辅导者、职业规划导师等多重角色的过程。研究辅导员在新媒体环境中如何更好地履行其教育职能，尤其是在学生思想政治教育、心理健康辅导、学业与职业规划等方面的具体应用。

第二，高校辅导员工作室的构建框架。通过分析新媒体技术的应用，提出辅导员工作室的构建框架。具体包括工作室的功能定位、组织架构设计、人员配置及工作室的硬件与软件资源配置。明确工作室各层级的职责与分工，为辅导员工作室的高效运行提供理论依据和实践指导。

第三，新媒体工具与平台在辅导员工作室中的应用。研究新媒体工具（如社交媒体、即时通讯平台、在线学习平台等）在辅导员工作室中的有效应用，探讨如何利用这些工具进行思想政治教育、心理辅导、学业规划和职业发展指导。探讨线上与线下结合的混合式教育模式，分析其在辅导员工作中的实践效果与创新应用。

第四，高校辅导员工作室的运营管理模式。提出辅导员工作室的科学管理模式，包括运营目标设定、绩效评估机制、制度建设、资源整合等方面的内容。研究如何通过完善的制度建设确保辅导员工作室的高效运营，探索如何在实际管理中通过资源整合提升工作效能，并确保辅导员在处理学生事务时的高效与精准。

第五，创新实践与案例分析。分析国内外成功的辅导员工作室案例，探讨其创新实践与经验教训。通过案例分析，研究辅导员工作室在学生思想政治教育、心理健康支持、学业发展和职业规划指导中的应用成效，探讨如何通过新媒体平台进一步优化辅导员的工作内容与服务质量。

第六，学生参与与反馈机制。研究学生在辅导员工作室中的参与模式与方法，探讨如何通过学生的参与机制提升工作室的互动性和有效性。建立有效的学生反馈机制，评估辅导员工作室的服务质量与学生满意度，提出优化策略，确保辅导员工作室在实现学生发展目标中的作用。

第三节　研究方法与框架

一、研究方法

（一）文献研究法

文献研究法是本研究的重要基础方法之一。通过系统查阅国内外关于新媒体、高校辅导员、学生管理等相关领域的文献资料，全面了解当前学术界在这些领域的研究成果与不足之处。在信息爆炸的时代，学术文献是知识积累和研究传承的重要载体。通过对大量相关文献的梳理与深入分析，能够清晰地掌握新媒体时代下辅导员工作室构建与运营的研究现状。

在查阅文献过程中，不仅关注国内学者在该领域的研究动态，还广泛涉猎国外相关研究成果，以拓宽研究视野，借鉴国际先进经验。通过对不同研究的对比分析，找出研究的突破点和未来发展方向。例如，在分析现有文献中关于新媒体工具在辅导员工作中的应用研究时，发现虽然已有一些研究探讨了部分新媒体工具的使用，但对于如何系统整合多种新媒体工具形成一个有机的工作平台的相关研究还相对较少。这就为本次研究提供了一个重要的突破方向，即重点研究如何实现新媒体工具的有效整合与优化应用，以提升辅导员工作室的工作效能。

（二）案例分析法

案例分析法是深入了解辅导员工作室建设实际情况的有效手段。通过精心挑选国内外高校在辅导员工作室建设中的成功案例进行深入剖析，能够全面了解辅导员工作室从规划、构建到运营的整个过程。

在案例选择上，注重案例的代表性和多样性，涵盖不同地区、不同类型的高校，以确保研究结果具有广泛的适用性。对每个案例进行详细分析，包括工作室的构建思路、组织架构设计、资源配置方式、运营管理模式以及在实施过程中遇到的问题与挑战等方面。通过对多个案例的对比分析，不仅能够揭示出成功案例背后的共性经验，如合理的人员分工、有效的资源整合以及科学的绩效评估机制等，还能总结出一些具有创新性和前瞻性的运营策略和方法。例如，在分析某高校辅导员工作室通过与企业合作，引入企业资源开展职业规划辅导的案例时，发现这种跨领域合作的模式能够为学生提供更加贴近实际的职业发展指导，同时也为辅导员工作室的运营带来了新的思路和资源。

（三）问卷调查与访谈法

问卷调查与访谈是获取一手资料，了解辅导员、学生及高校管理者对辅导员工作室真实看法和需求的重要途径。通过精心设计问卷，涵盖辅导员工作室功能、作用、运营模式等多个方面的问题，对辅导员、学生及高校管理者进行广泛的问卷调查，能够实现大规模的数据收集。通过对量化数据的统计分析，可以了解不同群体对辅导员工作室的认知程度、期望以及满意度等方面的情况。

同时，为了更深入地理解辅导员与学生的需求、困惑和期望，采用访谈法进行补充研究。访谈过程中，与受访者进行面对面的深度交流，鼓励他们分享自己在辅导员工作室建设与运营过程中的亲身经历、感受和想法。例如，在与辅导员的访谈中，了解到他们在使用新媒体工具开展工作时遇到的技术难题和时间管理问题；在与学生的访谈中，发现学生对辅导员工作室活动形式和内容的具体需求。

二、研究框架

本研究的框架由多个紧密相关的部分构成，旨在全面、系统地研究新

媒体背景下高校辅导员工作室的构建与运营。（见图 1-1）

- 新媒体背景下高校辅导员工作室的构建与运营研究
  - 第一章　导论
    - 研究背景与意义
    - 研究目的与内容
    - 研究方法与框架
  - 第二章　新媒体时代高校辅导员角色转变与工作需求分析
    - 新媒体对高校辅导员工作的影响
    - 高校辅导员工作面临的挑战与机遇
    - 辅导员工作室在高校管理中的重要作用
  - 第三章　高校辅导员工作室的构建框架
    - 辅导员工作室的基本定义与功能
    - 辅导员工作室的组织架构与人员配置
    - 辅导员工作室的硬件与软件资源配置
  - 第四章　新媒体工具与平台在辅导员工作室中的应用
    - 新媒体工具的类型与选择
    - 新媒体平台的教育功能与互动性
    - 线上与线下结合的混合式教育模式
  - 第五章　高校辅导员工作室的运营管理模式
    - 辅导员工作室的运营目标与绩效评估
    - 运营管理中的制度建设
    - 运营过程中的资源整合与管理
  - 第六章　高校辅导员工作室的创新实践与案例分析
    - 高校辅导员工作室的成功案例分析
    - 辅导员工作室的创新实践
    - 辅导员工作室在学生思想政治教育中的应用效能
  - 第七章　高校辅导员工作室的学生参与与反馈机制
    - 学生参与工作的模式与方法
    - 学生反馈机制的设计与应用
    - 学生工作成效与满意度评估

图 1-1　研究框架

第二章　新媒体时代高校辅导员角色转变与工作需求分析

第一节　新媒体对高校辅导员工作的影响

一、新媒体的概念

（一）新媒体的起源、定义与技术基础

在当代社会，计算机技术以令人瞩目的速度迅猛发展，这一发展态势深刻地推动了新媒体技术的进步，使其呈现出日新月异的变化趋势。新媒体技术的广泛应用，已经全方位地渗透到人们生活与工作的各个层面，成为现代社会不可或缺的一部分。

新媒体这一概念的首次提出，可追溯到美国哥伦比亚技术研究所所长Goldmark，他首次使用了“New Media”一词，为后续关于新媒体的研究拉开了序幕。[①] 随着时间的推移，新媒体在社会生活中的影响力日益凸显，吸引了众多研究者的目光。近年来，学术界对新媒体展开了深入且广泛的研究，从不同维度对其概念、特点等进行了更为科学、全面的剖析与定义。新媒体是在科学技术飞速发展的时代浪潮中应运而生的全新媒体形态。它依托先进的数字传输技术，构建起高效、精准的信息传播体系。数

① 冯博．新媒体环境下高校辅导员信息素养研究［D］．长春：东北师范大学，2013.

字传输技术作为新媒体的核心支撑，将各类信息转化为数字信号，通过各种网络基础设施实现快速、稳定地传播。这种技术的应用，不仅极大地提高了信息传播的效率，还确保了信息的准确性和完整性。

新媒体以丰富多样的社会信息作为传播内容，涵盖了政治、经济、文化、科技等各个领域。这些信息来源广泛，形式多样，包括但不限于实时新闻、深度评论、专业知识、文化艺术作品、科技动态等。新媒体通过整合和传播这些多元信息，满足了不同受众群体对于信息的多样化需求，成为人们获取知识、了解世界的重要窗口。

（二）新媒体与传统媒体的差异及新媒体的优势体现

新媒体与传统媒体相比，在多个方面呈现出显著的差异，这些差异也凸显了新媒体在信息传播领域的独特优势。

在信息传播渠道方面，传统媒体主要依赖于报纸、广播、电视等有限的途径进行信息传递，这些渠道在传播范围、时间和方式上存在一定的局限性。而新媒体借助网络科技和数字技术，通过互联网、宽带局域网、无线通信网络、卫星通信等多种渠道，构建了一个庞大而复杂的信息传播网络。这使得新媒体能够突破地理空间的限制，将信息迅速传播到全球各个角落，实现信息的广泛覆盖。

信息传递速度是新媒体的又一突出优势。传统媒体在信息采集、编辑、制作和发布等环节需要较长的时间周期，导致信息的时效性相对较差。新媒体则凭借其数字化的传播方式，实现了信息的实时发布和即时传播。用户可以随时随地通过手机、电脑等终端设备发布和获取最新信息，使得信息能够在瞬间传遍全球，满足了人们对即时信息的需求。

新媒体的信息交互性远强于传统媒体。在传统媒体的传播模式下，信息往往是单向传递的，受众主要处于被动接收的地位，缺乏与传播者进行有效互动的渠道。而在新媒体环境下，用户不仅是信息的接收者，同时也是信息的传播者。他们可以通过评论、点赞、分享等方式对所接收的信息进行反馈，与信息传播者以及其他用户进行实时互动。这种双向甚至多向的信息交互模式，极大地增强了用户在信息传播过程中的参与度和话语权，使得信息传播更加生动、活跃。此外，新媒体的信息内容更加丰富多样。传统媒体由于受到版面、时长等因素的限制，所能提供的信息容量相对有限。新媒体则凭借其数字化的存储和传播方式，能够容纳海量的信息资源。用户可以通过新媒体平台轻松获取到来自世界各地、各个领域的信息，满足了不同用户群体对于信息多样化和个性化的需求。

新媒体以电脑、手机、数字电视等为终端设备，利用文本、图像、声音、视频等多样化的表达方法进行信息传递，构建了一个内容丰富的信息交流平台。在这个平台上，大众用户同时兼具信息传播者和接收者的身份，有别于传统媒体的单一灌输式传递模式。用户可以根据自己的兴趣和需求自主选择信息，并及时将自己的反馈传达给信息传播者。

二、高校辅导员职业定位与职业能力

（一）高校辅导员职业定位

在高等教育体系中，高校辅导员占据着极为关键且不可替代的地位，是推动高校学生思想政治教育工作深入开展的核心力量。他们的工作成效不仅关系到学生个体的全面成长与发展，更对高校整体教育目标的实现以及校园文化的建设有着深远影响。中央高度重视高校思想政治教育工作，在具有重要战略意义的《关于进一步加强和改进大学生思想政治教育的意见》中，对高校辅导员队伍的发展与建设提出了全面且具体的要求。这一文件从战略高度为辅导员队伍的专业化、职业化发展指明了方向，强调了辅导员在大学生思想政治教育中的关键作用。教育部紧随其后，专门出台《关于加强高等学校辅导员班主任队伍建设的意见》，进一步细化并落实了相关举措，为辅导员队伍的建设提供了政策支持与保障。这些政策文件的出台，充分彰显了高校辅导员岗位的重要性，同时也为辅导员的职业发展创造了前所未有的机遇。在此背景下，高校辅导员更应深刻认识自身角色，精准定位职业方向，不断提升个人综合能力，以更好地履行职责，为高校教育事业的蓬勃发展贡献力量。

1. 教育者角色

高校辅导员作为大学生思想政治教育的专职工作者，肩负着提升大学生思想政治素养、促进其全面发展的重任，是大学生成长成才道路上的重要引路人。在当今社会快速发展的时代背景下，新媒体技术日新月异，信息传播的速度和广度呈指数级增长。大学生作为新媒体时代的主力军，每日接收的信息量庞大且繁杂。这一现状在为大学生提供广阔知识视野的同时，也给高校辅导员的工作带来了巨大挑战。

第一，海量信息中夹杂着部分不良内容，如错误的政治观点、扭曲的价值观、低俗的文化产品等。这些不良信息极易对心智尚未完全成熟的大学生产生误导，导致部分学生出现政治信仰迷茫、价值观扭曲等问题。一些大学生在面对多元价值观的冲击时，难以坚守正确的道德底线，出现不诚实、缺乏责任感等现象；在团队合作中，缺乏协作精神，过于注重个人利益；在面对困难和挑战时，表现出吃苦能力不足、心理素质脆弱等问题。

第二，新媒体的发展改变了信息传播方式和学生获取信息的习惯，传统的思想政治教育模式面临着严峻考验。高校辅导员必须顺应时代发展潮流，以教育者的角色积极应对这些挑战。他们需要深入了解大学生的思想动态，运用科学的教育方法和丰富的教育资源，引导学生树立正确的世界观、人生观和价值观。通过开展主题班会、思想政治教育课程、谈心谈话等活动，帮助学生剖析不良信息的危害，提高学生的信息辨别能力和自我约束能力。同时，辅导员还要注重培养学生的社会责任感、团队合作精神和吃苦能力，通过组织社会实践、志愿服务等活动，让学生在实践中锻炼自己，增强综合素质，引导大学生们践行积极健康的生活方式，为其未来的人生发展奠定坚实的思想政治基础。

2. 管理者角色

高校辅导员在高校教育管理体系中扮演着管理者的重要角色，其管理对象是充满活力与个性的大学生群体，管理目标旨在维护高校的政策管理秩序，促进大学生的全面发展。这一角色要求辅导员具备全面的管理能力和敏锐的洞察力，能够妥善处理学生管理工作中的各种问题。

辅导员的管理工作涵盖多个方面，主要可归纳为以下三个核心部分：

在大学生的日常生活管理方面，辅导员需要关注学生生活的各个细节，确保学生拥有良好的生活环境和生活习惯。这包括对学生寝室卫生的监督与指导，定期检查寝室卫生情况，引导学生养成良好的卫生习惯，营造整洁、舒适的居住环境；同时，高度重视学生的安全问题，加强安全教育，普及安全知识，增强学生的安全意识，预防各类安全事故的发生。例如，开展消防安全演练、防诈骗宣传等活动，保障学生的人身和财产安全。

教学管理也是辅导员工作的重要组成部分。辅导员要与任课教师保持密切沟通，及时了解学生的课堂表现和学习进度。通过课堂考勤管理，督促学生按时上课，保证学生的出勤率；关注学生的学习状态，对于学习困难的学生，及时提供帮助和支持，如组织学习小组、安排学业辅导等，确保学生能够顺利完成学业任务。

在大学生的日常行为管理方面，辅导员承担着引导和规范学生行为的重要职责。他们通过制定和执行校规校纪，对学生的行为进行约束和引导，培养学生的自律意识和良好的行为习惯。例如，对于学生的违纪行为，辅导员要及时进行批评教育，并按照规定进行处理；同时，注重发现和表扬学生的优秀行为和先进事迹，树立榜样，激励更多学生积极向上。在思想政治教育方面，辅导员要将其融入日常行为管理的各个环节，通过言传身教，引导学生树立正确的道德观念和行为准则，促进学生思想道德素质的提升。

3. 引导者角色

高校阶段是大学生从校园走向社会的关键过渡时期，这一阶段充满了机遇与挑战，同时也伴随着诸多困惑。在中学阶段，学生们有着明确的目标——考上理想的大学，这一目标为他们的学习和生活提供了清晰的方向。然而，进入大学后，面对更加自由和多元化的环境，许多学生陷入了对自身定位和未来职业方向的迷茫之中。这种迷茫不仅影响着学生在校期间的学习和生活质量，还可能对其未来的职业发展和人生规划产生不利影响。

辅导员作为学生成长道路上的重要陪伴者和引路人，肩负着帮助学生拨开迷雾、明确方向的重任。辅导员需要深入了解每一位学生的兴趣特点、特长爱好和能力水平，运用专业的职业生涯规划理论和方法，为学生提供个性化的指导。通过开展职业生涯规划课程、组织职业探索活动、进行一对一的职业咨询等方式，引导学生认识自我，了解社会需求，明确自身的职业目标和发展路径。例如，对于对学术研究有浓厚兴趣且具备较强专业能力的学生，辅导员可以引导他们制定学术发展计划，鼓励他们参与科研项目、学术竞赛等活动，为未来的深造和学术研究打下坚实基础；对于具有较强实践能力和创新思维的学生，辅导员可以帮助他们寻找实习机会，参与创业实践项目，培养他们的职业技能和创业精神。此外，大部分大学生正处于青年初期，这是一个人形成世界观、人生观和价值观的关键时期。在这个阶段，学生的思想观念和行为方式容易受到外界因素的影响。高校辅导员要时刻关注学生的思想动态，及时发现学生在成长过程中出现的问题和困惑，通过开展主题教育、谈心谈话等方式，引导学生树立正确的“三观”。在学生面临困难和挫折时，辅导员要给予关心和鼓励，帮助他们树立信心，培养坚韧不拔的意志品质。

4. 服务者角色

随着高等教育的不断发展，高校逐渐向服务型转变，这一趋势对高校辅导员的角色定位提出了新的要求。高校辅导员的核心工作是为大学生的成长成才提供全方位、高质量的服务，其管理、教育和引导工作的最终落脚点都是为了促进学生的全面发展。

第一，辅导员应努力成为大学生的知心朋友和人生导师，以学生为本，关注学生的需求和感受。在学生遇到学习困难时，辅导员要积极协调资源，为学生提供学习指导和帮助；在学生面临生活困扰时，辅导员要耐心倾听，给予关心和支持，帮助学生解决实际问题。例如，当学生因家庭经济困难而面临学业压力时，辅导员要及时为其提供助学贷款、助学金等相关信息，并给予心理上的鼓励和支持；当学生在人际关系方面遇到问题时，辅导员要引导学生学会沟通和理解，帮助他们建立良好的人际关系。

第二，辅导员要为学生提供便捷、全面的服务。这包括建立完善的信息服务平台，及时向学生发布学校的各项政策、通知、活动信息等，确保学生能够及时了解学校动态；组织开展丰富多彩的校园文化活动、社会实践活动等，为学生提供锻炼自我、展示才华的平台；加强与家长的沟通与合作，形成家校共育的合力，共同关注学生的成长与发展。

第三，辅导员还要注重培养学生的自我服务意识和能力，引导学生学会自我管理、自我教育、自我服务。通过组织学生干部培训、开展主题班会等形式，提高学生的综合素质和能力，让学生在服务他人的过程中实现自我成长。总之，高校辅导员作为服务者，要以学生的需求为导向，不断提升服务质量和水平，为学生的成长成才创造良好的条件，助力学生实现人生目标。

（二）高校辅导员职业能力

1．职业能力的定义与构成

职业能力是指个体在其所从事的职业中，完成各项工作任务所必需的技能、知识和心理素质的综合体。它不仅仅是完成岗位任务的能力，更包含了个体在面对职业挑战时所展现的态度与心理特点。研究者从心理学角度提出，职业能力既可以从“任务完成能力”来定义，也可以从“心理状态与职业态度”角度进行界定。任务完成能力是指个体通过专业知识和技能，在日常工作中能够高效、准确地完成工作目标。心理状态与职业态度则包括个体的情绪管理、应对压力的能力以及对工作的责任感和主动性。在评估职业能力时，必须将这两者结合起来，因为一个具备高度责任感和积极心态的人，通常能够在面对复杂情境时迅速适应并有效完成工作任务。

对于高校辅导员而言，职业能力的核心是思政教育与学生管理技能的综合体现。辅导员不仅需要具备扎实的思想政治教育专业知识，还需要在日常学生管理中展现出优秀的沟通技巧、危机处理能力以及心理支持能力。特别是在当前新媒体时代，辅导员的职业能力还需包括熟练应用新媒体工具进行学生工作管理、信息传播和思想政治教育的能力。因此，高校辅导员的职业能力是一个多维度的概念，涵盖了知识、技能、情感和态度等多个方面。

2. 职业能力的构成要素

（1）专业素养

专业素养是指个体在从事某一职业时所必备的专业知识和技能。对于高校辅导员而言，专业素养包括三个核心领域：思政教育能力、专业指导能力和学生自我管理能力。

思政教育能力：作为思想政治教育工作的重要承担者，辅导员需要具备坚实的理论基础，能够运用马克思主义理论、社会主义核心价值观等思想政治教育理论来引导大学生，帮助他们树立正确的世界观、人生观、价值观。同时，辅导员还能够根据学生群体的特点，设计并实施个性化的思想教育计划，通过多种渠道和方式，增强学生的政治敏锐性与责任感。

专业指导能力：辅导员不仅是思想政治工作的执行者，也是学生学业和职业规划的引导者。因此，辅导员的专业指导能力至关重要。辅导员需要通过了解学生的学术兴趣、职业发展需求以及个人心理特点，为学生提供针对性的学业建议、就业指导和职业规划支持。辅导员应通过举办讲座、个别辅导等形式，帮助学生进行职业生涯规划，为其未来的发展提供指导意见。

学生自我管理能力：高校辅导员在学生日常生活和行为管理中扮演着至关重要的角色。为了促进学生的全面发展，辅导员需要通过教育、监督和激励等方式，帮助学生形成自我管理的能力。这包括课堂纪律、学术诚信、心理健康管理、社交能力等方面的指导。辅导员应具备引导学生提升自我管理意识，培养其责任感和集体主义精神的能力，进而促进学生的健康成长。

（2）拓展能力

高校辅导员的拓展能力是指在履行基本职责的基础上，能够不断开拓新的工作领域，提升个人职业发展的潜力。这一能力包括两方面内容：

跨领域合作能力：高校辅导员的工作不仅限于校园内部的学生管理和思想政治教育，还涉及与学校其他职能部门、外部社会资源的协调与合作。辅导员需要能够积极拓展合作领域，与教学部门、学生事务管理部门、心理健康中心、就业指导中心等部门密切配合，形成合力，共同推进学生的全面发展。这要求辅导员具备较强的跨部门沟通与合作能力，能够在复杂的工作环境中调动各方资源。

创新能力：随着社会和教育环境的不断变化，高校辅导员的工作面临着新的挑战，创新成为提升工作质量的关键。辅导员需要不断调整和优化工作方法，创新工作内容和手段。例如，利用新媒体平台开展在线思想政治教育、组织虚拟社团活动、运用大数据分析学生需求等，都是辅导员创新工作方式的重要体现。辅导员的创新能力不仅体现在技术和手段的创新上，更包括工作理念和管理思维的创新，以应对现代高校日益复杂的学生群体和管理需求。

（3）职业道德素养

高校辅导员作为学生成长过程中的引导者，其职业道德素养直接关系到学生的思想品德形成和社会责任感的培养。职业道德素养包括：

责任感：辅导员应对学生的全面发展负有高度的责任感。无论是思想政治教育、日常管理，还是心理健康辅导、就业指导，辅导员都应全力以赴，为学生的成长与发展提供最为有效的支持。责任感不仅仅体现在工作上，还表现为对学生的关怀与关注，辅导员应为学生的发展和幸福负责。

公正性与客观性：在学生管理和教育工作中，辅导员必须保持公正、客观的态度。对待学生的表现、问题和需求时，辅导员应能够从客观角度出发，不偏不倚，确保学生得到公平的教育与机会。同时，辅导员还应避免任何形式的歧视、偏见和不公正待遇，以建立学生对辅导员的信任。

道德榜样作用：作为学生的引导者，辅导员本身的言谈举止、价值观念对学生有着深刻的影响。辅导员应自觉遵守职业道德和社会公德，做到言行一致、表里如一。辅导员应成为学生学习的榜样，传递正能量，培养学生正确的价值观、人生观和世界观。

三、新媒体对高校辅导员工作的影响分析

（一）信息传播方式的转变

传统的辅导员工作模式依赖于面对面的沟通、线下会议、纸质通知等形式，这些方式虽然能够满足基本的信息传递需求，但由于其传递速度和覆盖面有限，无法及时满足现代高校学生对信息获取的需求。特别是在信息爆炸的时代，学生每日接受的信息量急剧增加，传统的传递方式显得滞后且低效。而新媒体平台，如微信、微博、QQ，以及学校的官方网站等，凭借其高度便捷性、即时性和广泛性，极大地拓宽了辅导员与学生之间的信息传播渠道。

新媒体平台的应用，突破了传统信息传播的时间和地域限制。辅导员

不再仅依赖课堂、办公时间或定期的会议来发布通知、共享学习资源或组织活动，而是通过微信、QQ 等实时互动工具，可以随时随地向学生传达信息。学生也能即时获取通知、参与讨论、提出问题和寻求帮助。这种信息流动的即时性和互动性，有效地增强了信息传播的时效性和覆盖面。辅导员不仅可以发布课程、活动安排、考试信息等重要通知，还能够通过图文、视频等多样化的方式，传达学习资料、精神文明建设信息等内容，激发学生的兴趣和参与感。

新媒体的互动性使得信息传播不再是单向的，学生与辅导员之间的沟通更加高效。学生可以直接通过平台提出问题或反馈意见，辅导员能够迅速回应并解答学生的疑虑。这种快速反馈的机制，大幅提升了学生信息获取的效率，同时也提高了辅导员的工作效率，使得学生事务的处理不再受限于传统的沟通方式，学生的问题能够第一时间得到解决，促进了辅导员与学生之间的良性互动。

（二）提高工作效率与管理精准度

在传统模式下，辅导员通常通过手动记录、纸质材料和面对面交流来了解学生的日常表现，这种方式不仅费时费力，还容易出现信息滞后、遗漏或者重复记录等问题。而在新媒体时代，辅导员可以利用现代化的信息管理平台和社交工具实时更新和管理学生的信息。这不仅使得信息的获取和传递更为精准，也大大提高了工作效率。例如，辅导员可以通过学生管理平台或班级群组实时了解学生的学业情况、考勤记录、心理健康状况等方面的信息。在新媒体的帮助下，辅导员可以更迅速地掌握学生的动向，及时发现问题并进行有效干预。辅导员可以通过电子表格、云端存储或专用软件，实时记录学生的出勤、学业成绩、课堂表现等信息，而这一过程是自动化和标准化的，极大地减少了手工记录带来的错误与工作量。这种信息化管理使得学生的信息管理更加精确和高效，辅导员能更加科学地评估学生的整体情况，为后续的管理决策提供数据支持。

新媒体平台还使得辅导员可以在工作中灵活调整管理策略，依据实时收集到的学生动态与数据做出适应性调整。例如，辅导员可以定期检查学生的在线学习进度、参与活动的情况以及心理健康等信息，并通过线上辅导、定期反馈等方式及时发现学生的潜在问题。这种精准的数据支持与反馈机制，极大提升了辅导员工作管理的精度与时效性，使得学生管理不再仅限于传统的线下工作模式，而是进入了数字化、精细化的管理阶段。

（三）学生互动与心理辅导的加强

在传统的辅导员工作模式中，学生与辅导员的互动主要集中在定期的班会、一对一的谈话和个别辅导中。由于学生的生活节奏快，学习压力大，辅导员很难通过面对面的交流全面了解学生的思想和情感状况。传统的管理方式局限了辅导员与学生之间的交流深度和广度，尤其是在心理健康教育和心理疏导方面，存在着信息滞后和反馈不及时的问题。随着新媒体的应用，辅导员与学生之间的互动变得更加多样化和即时化。通过微信、QQ 等平台，辅导员可以随时与学生进行一对一的交流，了解学生的情绪波动、思想动态以及学业压力等方面的情况。这种线上互动的方式，解决了学生因忙碌或羞于表达而不愿面对面沟通的问题。学生在遇到学习上的困难、情感上的困扰或就业压力时，能够通过新媒体平台向辅导员寻求帮助。这种即时互动的方式，为辅导员提供了更多了解学生的机会，并能够及时给予心理辅导和情感支持。通过新媒体，辅导员能够有效地开展心理辅导工作。比如，辅导员可以定期通过微信推送心理健康小贴士、情绪管理技巧、压力缓解方法等内容，帮助学生提高自我认知和心理调节能力。同时，辅导员也可以借助在线咨询平台，设立心理健康热线或开设心理疏导课程，帮助学生应对压力、焦虑等心理问题。

新媒体的应用还为辅导员提供了更强大的数据分析能力。通过对学生在线活动的参与情况、心理测评结果、学习进展等数据的收集和分析，辅导员可以更精准地了解学生的需求和困难，制定个性化的辅导方案。这种数据驱动的管理方式，不仅使心理辅导更具针对性，也为学生的心理健康成长提供了持续的关注和支持。

第二节　高校辅导员工作面临的挑战与机遇

一、挑战

（一）网络虚拟世界的影响

1. 信息质量与准确性问题

在数字化时代，新媒体以前所未有的态势迅速普及，深刻地变革了信息传播的固有模式。传统媒体渠道对信息传播的时空限制被彻底打破，互联网成为一个巨大的信息资源池，学生借助各种智能终端设备，能够轻松地获取海量信息。这种信息获取的便捷性，从本质上改变了学生的认知环境，极大地拓宽了他们的知识视野。

从传播学的角度来看，信息传播的速度和范围在新媒体环境下得到了指数级的提升。信息能够在瞬间跨越地域界限，在全球范围内实现即时传播。然而，这种高速且广泛的传播模式也带来了严重的信息质量与准确性问题。网络的开放性和低门槛性，使得信息的生产和传播不再受到严格的专业审核与把关，导致网络信息呈现出高度的繁杂性。

大量误导性言论、极端观点以及虚假信息在网络空间肆意传播。这些不良信息往往具有很强的隐蔽性和迷惑性，它们可能以看似合理的包装、夸张的表述或情绪化的渲染来吸引受众。对于心智尚未完全成熟、缺乏足够社会阅历和批判性思维能力的学生而言，极易受到这些不良信息的影响。

从认知心理学的角度分析，学生在接受信息的过程中，会不自觉地将所接触到的信息纳入自己的认知体系，并以此为基础构建对世界的理解和判断。当大量错误或有害的信息进入他们的认知视野时，就很容易引导学生形成错误的思想观念。这些错误观念可能会在学生的思维模式中根深蒂固，进而对其价值观和世界观的形成产生消极且深远的影响。例如，一些虚假的历史信息可能会扭曲学生对历史事件和人物的正确认知，影响他们对民族文化和国家认同的理解；极端的社会观点可能会引发学生对社会现象的片面解读，导致他们对社会秩序和价值体系产生怀疑。

2. 多元文化与思想冲击

在全球化进程不断加速的大背景下，互联网凭借其强大的连接能力，成为不同文化和思想相互交流、碰撞的前沿平台。这种跨文化交流在促进文化多样性和知识共享的同时，也带来了一系列复杂的问题，其中对大学生思想层面的冲击尤为显著。

西方资本主义思潮利用互联网的开放性和便捷性，有目的地向社会主义国家进行渗透。由于学生群体对新鲜事物充满好奇心，且日常使用互联网的频率较高，因此成为这些思潮的主要传播对象。在文化交融的大环境下，大学生不可避免地接触到来自世界各地的多元文化，这使得他们面临着前所未有的价值观多元冲击。

社会主义核心价值观作为我国社会主流价值体系的集中体现，为大学生提供了明确的行为准则和价值导向。然而，西方自由主义、极端主义思潮却倡导个人至上、绝对自由等观念，与社会主义核心价值观存在本质上的冲突。当这两种截然不同的价值体系在学生的思想世界中相遇时，必然会引发激烈的碰撞。这种碰撞使得学生在思想认同上出现困惑和分化。部分学生可能在多元价值观的冲击下，对传统的社会主义核心价值观产生怀疑，甚至迷失方向；而另一部分学生可能会在不同价值观中摇摆不定，难以形成稳定、坚定的价值判断。这种思想认同的困境和价值观的多样化，给高校辅导员的思想政治教育工作带来了巨大挑战。辅导员作为学生思想成长的重要引路人，其教育效果直接受到影响。传统的思想政治教育方式在应对这种复杂多变的思想状况时，往往显得力不从心。为了更好地引导学生树立正确的思想观念，辅导员不仅需要具备扎实的思想政治教育专业知识，还需要提升自身的媒介素养。

媒介素养要求辅导员能够熟练掌握新媒体技术，深入了解网络传播规律，准确识别网络信息背后隐藏的思想倾向。只有这样，辅导员才能在纷繁复杂的网络环境中，帮助学生辨别信息的真伪善恶，引导他们正确看待多元文化和思想的差异，坚定对社会主义核心价值观的认同，从而有效地开展思想政治教育工作，确保学生在多元文化的浪潮中健康成长。

（二）传统思想教育模式的更新困境

1. 传统模式与学生需求的矛盾

在新媒体技术日新月异的当下，教育领域正经历着前所未有的变革。新媒体技术的快速发展，以其独特的数字化、交互性和即时性特征，深刻地改变了信息传播的方式和人们获取知识的途径。与此同时，学生的需求也在时代的变迁中发生了显著变化。这种技术进步与需求转变的双重背景，使得传统思想政治教育模式陷入了更新困境。

传统的思想政治教育模式，长期以来形成了一套相对固定的教育范式。课堂讲授作为主要的教学形式，表现为教师在讲台上系统地阐述思想政治理论知识，学生则在台下被动地接受。这种理论灌输的方式旨在将既定的思想观念和价值体系传递给学生，期望他们能够理解并接受。一对一辅导则侧重于针对个别学生的问题进行解答和指导，以强化教育效果。然而，新媒体时代的学生成长于信息爆炸的环境中，他们拥有丰富的知识获取渠道。互联网的普及使学生能够轻松地接触到全球范围内的信息资源，在线课程、学术数据库、社交媒体等成为他们获取知识的重要平台。与传统教育模式下单一的知识来源不同，新媒体时代的学生可以根据自己的兴趣和需求，自主选择学习内容和学习方式。

在学习需求方面，当代学生呈现出多样化的特点。他们不再满足于被动地接受知识，而是渴望主动参与到学习过程中，通过互动、体验和实践来深化对知识的理解。他们追求个性化的学习体验，希望教育能够满足自己独特的兴趣爱好和发展方向。此外，学生对于知识的需求也更加注重实用性和时代性，希望所学内容能够与现实生活紧密结合，帮助他们解决实际问题。传统思政教育模式中的单向灌输方式，缺乏与学生的有效互动，难以激发学生的学习兴趣和主动性。这种模式下，学生往往处于被动接受的地位，缺乏自主思考和探索的空间，导致学习效果不佳。而且，由于教学内容和方式相对固定，难以快速适应时代的变化和学生多样化的需求，逐渐失去了对学生的吸引力。

2. 辅导员角色转变的必要性

课堂成为思政教育的核心场所，教师在其中扮演着绝对的主导角色。通过系统的课程讲授，教师将思想政治理论知识以及期望学生形成的思想观念和价值观，有计划地“传递”给学生，试图在课堂环境中“塑造”学生的思想和行为模式。这种模式在一定历史时期内，对于传播主流思想、培养学生正确的价值观发挥了重要作用。然而，随着新媒体的蓬勃兴起，学生获取信息的方式发生了根本性的改变。网络的普及使学生能够突破传统课堂和教材的限制，随时随地从互联网、社交平台、新闻媒体等多个渠道获取海量的多元信息。这些信息来源广泛，内容丰富多样，涵盖了不同的文化背景、思想观念和价值取向。

新媒体带来的信息多元化，使得学生在接受思想政治教育的过程中，面临着价值观和思想的多元化、复杂化局面。学生不再仅仅受到来自教师和教材所传递的单一思想的影响，而是同时接触到各种不同甚至相互冲突的观点和理念。在这种情况下，传统的以教师为主导的思政教育模式，暴露出了明显的局限性。

传统模式难以有效应对这种多元思想的碰撞。由于缺乏与学生的深度互动和对学生个性化需求的关注，教师往往无法及时了解学生在面对多元信息时的困惑和疑问，也难以针对学生的思想变化进行有针对性的引导。此外，传统模式侧重于知识的传授，忽视了对学生自主思考能力的培养，学生在面对复杂的思想冲突时，往往缺乏独立判断和批判性思维的能力，难以形成自己坚定的价值观。因此，在新媒体时代，辅导员的角色转变具有迫切的必要性。辅导员需要从传统的“知识传递者”角色中脱离出来，向“思想引导者”和“学生学习的合作伙伴”转变。作为“思想引导者”，辅导员应更加关注学生的思想变化，敏锐地捕捉学生在面对多元信息时产生的困惑和问题，通过深入地交流和引导，帮助学生树立正确的价值观和思维方式，引导他们在多元文化的冲击下坚守主流价值观念。同时，辅导员要成为“学生学习的合作伙伴”，尊重学生的主体地位，鼓励学生积极参与到思想政治教育过程中。这意味着辅导员要与学生建立平等、互动的关系，运用新媒体平台开展多样化的互动式教育活动。例如，通过在线讨论、虚拟课堂、案例分析等方式，激发学生的参与热情，引导学生主动思考、积极探索。

二、机遇

（一）丰富的信息资源与多元化的教育路径

在新媒体蓬勃发展的时代背景下，高校辅导员的思想政治教育工作迎来了前所未有的机遇，其中丰富的信息资源与多元化的教育路径成为显著特征。

新媒体的崛起，彻底颠覆了传统信息传播的模式，打破了以往思政教育受限于传统教育形式和有限教材内容的局面。在互联网这个庞大的信息资源库中，辅导员拥有了海量的信息获取渠道，能够广泛搜索、精准筛选并充分利用各类教育资源。

从资源类型来看，涵盖了学术文献、时事评论、文化作品等多个领域。这些资源以多样化的形式呈现，包括文字、图片、音频、视频等。例如，在思政教育过程中，辅导员可以借助微信公众号定期推送优质的学习资料，这些资料不仅包含马克思主义理论的深度解读，还涉及社会主义核心价值观在现实生活中的生动体现。同时，通过微博平台分享经典的思想政治教育案例，这些案例可以是古今中外仁人志士的爱国事迹，也可以是当代社会中涌现的正能量故事，以此激励学生树立正确的价值观。

在社会热点问题分析方面，辅导员可以利用互联网实时追踪热点事件，整合不同视角的专业分析，引导学生从多个维度思考问题，培养学生的批判性思维和政治敏锐性。

新媒体技术的广泛应用，为思政教育路径的多元化提供了有力支撑。辅导员可以借助新媒体平台开展形式多样的互动活动。线上讨论成为一种常态化的教育方式，辅导员可以围绕某一思政主题发起讨论，鼓励学生各抒己见，分享自己的观点和见解。在这个过程中，学生不仅能够深化对思政知识的理解，还能锻炼自身的表达能力和思维能力。

视频讲座也是新媒体时代思政教育的重要手段。辅导员可以邀请专家学者录制线上讲座，或者分享优质的公开讲座视频，内容涵盖思政理论、历史文化、社会发展等多个方面。这种大规模、跨地域的知识传播方式，打破了传统讲座在时间和空间上的限制，让更多学生能够接触到前沿的学术思想和深刻的理论解读。

从教育理论角度来看，新媒体推动了思政教育内容的多样化，符合建构主义学习理论中强调的学习环境的丰富性和多元性。学习者在这样的环境中，通过与丰富的信息资源互动，能够主动建构知识体系。同时，教育方式的创新也契合了认知心理学中关于信息呈现方式对学习效果影响的观点。新媒体通过视频、音频、互动图文等多种形式，将思想政治教育内容以更加生动、直观的方式呈现给学生，能够更好地吸引学生的注意力，提高学生的学习兴趣。这种教育形式的创新，使得思想政治教育更加贴近学生的生活和实际，满足了学生在信息时代对信息获取的多样化需求，为提高思政教育的实效性奠定了坚实基础。

（二）激发学生的主动参与互动

新媒体所具备的互动性和实时性特质，为高校辅导员的思政工作注入了强大动力，成为推动思政教育改革创新的关键因素。

在传统的思想政治教育模式中，普遍存在着学生参与度低、互动性差的问题。这种模式往往以教师为中心，侧重于理论知识的单向灌输和纸质材料的被动学习。学生在课堂上大多处于被动接受的状态，缺乏主动思考和积极表达的机会，导致思政教育的效果不尽如人意。

新媒体的应用彻底改变了这一局面。以微信、QQ 等即时通信平台为代表，为辅导员与学生之间搭建了一个随时交流和讨论的便捷桥梁。在这些平台上，学生的主体地位得到充分凸显。他们不仅可以自由地提出问题，分享自己对思政教育内容的独到见解，还能够积极参与到各类精心设计的线上互动活动中。例如，辅导员可以在群里发起关于某一思政热点话题的讨论，鼓励学生从不同角度分析问题，引导学生运用所学的思政理论知识进行深入思考。在这个过程中，学生们各抒己见，形成了热烈的讨论氛围，这种积极的学习氛围进一步激发了学生的学习热情和主动性。

新媒体的互动性为辅导员深入了解学生的思想动态和心理状况提供了得天独厚的条件。通过新媒体平台，辅导员能够及时获得学生的反馈信息，这些反馈涵盖了学生对思政教育内容的理解程度、对教育方式的接受程度以及在学习过程中遇到的困惑和问题等多个方面。以线上讨论为例，辅导员可以通过观察学生的发言内容，分析学生的思维方式和价值取向，从而准确把握学生的思想脉搏。在思想政治教育中，辅导员还可以通过组织线上投票、问卷调查等活动，了解学生对某一社会热点问题的看法和态度。例如，在讨论社会道德现象时，通过投票了解学生对不同观点的支持率，再结合问卷调查收集学生的详细意见和建议。基于这些反馈信息，辅导员能够及时调整教育内容和方法，做到因材施教，提高思政教育的针对性和实效性。

从教育心理学角度来看，新媒体的互动性满足了学生的社交需求和自我表达需求。根据马斯洛的需求层次理论，社交需求和尊重需求是人类较高层次的需求。在新媒体互动环境中，学生通过与辅导员和同学的交流互动，获得了归属感和尊重感，从而更加积极主动地参与到思政教育活动中。这种互动性还能够激发学生的认知冲突，促进学生的思维发展。当学生在互动中接触到不同的观点和思想时，会引发他们的思考和反思，从而推动其认知结构的不断完善和发展。

（三）师生互动与关系的拉近

在新媒体背景下，高校辅导员的角色定位发生了深刻变化，从传统意义上单纯的思想政治教育者，逐渐转变为学生生活中的全方位朋友与支持者。这一转变得益于新媒体为师生互动带来的全新机遇。

新媒体平台的出现，打破了传统教育模式下师生互动在时间和空间上的限制。在传统教育模式中，学生与辅导员的接触往往局限于课堂上的短暂交流或在辅导员办公室的预约面谈。这种有限的互动方式使得师生之间的沟通存在一定的障碍，学生可能因为各种原因无法及时与辅导员交流，导致一些问题不能得到及时解决。而新媒体平台的普及，为师生互动创造了更加便捷和高效的条件。通过微信、QQ 等社交平台，辅导员能够与学生保持更频繁的互动。学生不再受时间和地点的束缚，可以随时向辅导员分享自己的学习进展、生活琐事以及内心的困惑和问题。辅导员也能够及时回复学生的信息，给予关心和指导。例如，当学生面临学业压力时，他们可以通过微信向辅导员倾诉，辅导员可以根据学生的具体情况提供合理的学习建议和心理疏导；当学生参与社会实践活动遇到困难时，也能够及时向辅导员寻求帮助，辅导员可以凭借自己的经验和资源为学生提供支持和指导。这种线上线下相结合的互动模式，使辅导员能够更加全面、深入地了解学生的思想变化和情感需求。通过线上的日常交流，辅导员可以敏锐地捕捉到学生的情绪波动和思想动态，及时发现潜在的问题。同时，线下的面对面交流又能够进一步加深师生之间的情感联系，增强学生对辅导员的信任。

在这个过程中，辅导员的角色从单纯的管理者逐渐转变为多功能的支持者和引导者。辅导员不仅要关注学生的思想政治教育，还要关心学生的学习、生活和心理健康。这种角色的转变促进了辅导员与学生之间关系的亲密化和互动化。

从教育社会学角度来看，良好的师生关系是教育成功的关键因素之一。根据符号互动理论，师生之间的互动是通过符号和意义的交流来实现的。新媒体平台为师生提供了更多的互动符号和交流渠道，使得师生之间的意义传递更加准确和丰富。通过频繁的互动，师生之间建立了更加深厚的情感纽带，这种情感纽带能够增强学生对思政教育的认同感和接受度，进一步促进思政教育工作的有效实施。同时，良好的师生关系还能够为学生营造一个积极向上的学习和生活环境，有利于学生身心健康和全面发展。

第三节　辅导员工作室在高校管理中的重要作用

一、提升高校辅导员育人的效果

（一）大学生成长的多维度需求

在高等教育阶段，大学生正处于人生发展的关键转型期，面临着来自学术、心理、职业规划以及思想价值等多维度的困惑与挑战，这些因素交织在一起，深刻影响着他们的成长与成才。从学术层面来看，大学课程的深度和广度相较于中学阶段有了显著提升，不同学科知识体系的复杂性要求学生具备更强的自主学习能力和知识整合能力。然而，许多学生在适应大学学习节奏、掌握有效的学习方法等方面存在困难，导致学业成绩不理想，进而影响其未来的深造或职业选择。

心理健康领域同样不容忽视。大学生离开熟悉的家庭和社交环境，进入一个相对独立且复杂的校园环境，需要独自面对人际关系处理、自我认知调整等问题。学业压力、情感困扰、经济压力等多种因素可能引发焦虑、抑郁等心理问题。据相关研究表明，近年来大学生心理健康问题呈上升趋势，这对辅导员在心理健康教育方面的工作提出了更高的要求。

职业规划方面，随着就业市场竞争的日益激烈，大学生对未来职业发展方向的迷茫感愈发强烈。他们需要了解不同行业的发展趋势、职业技能要求以及自身职业兴趣与能力的匹配度，以便制定合理的职业规划。但由于缺乏系统的职业指导和实践经验，许多学生在面临职业选择时往往感到无所适从。

思想认同层面，大学生正处于价值观形成的关键时期，面对多元文化思潮的冲击和信息爆炸的影响，容易产生思想上的困惑和动摇。如何引导他们树立正确的世界观、人生观和价值观，增强社会责任感和家国情怀，成为辅导员思想引领工作的重要任务。

辅导员工作室以学生成长成才为核心导向，精准定位学生在不同维度的核心诉求。基于教育心理学中因材施教的原则，在关注学生共性问题的同时，要注重个体差异，强调个性化发展。每个学生都有独特的性格、兴趣和能力，只有提供个性化的支持与引导，才能更好地满足他们的发展需求。在日常管理工作中，辅导员通过深入了解学生的学习、生活情况，建立学生成长档案，及时发现学生在各个方面的问题，并提供针对性地帮助和指导。

辅导员的工作广泛涉及心理健康教育、就业指导、学业辅导以及思想引领等多个关键领域。在心理健康教育方面，依据心理健康教育的专业理论和方法，辅导员须具备敏锐的观察力，通过日常交流、课堂表现等多渠道关注学生的情绪波动和行为变化，及时识别潜在的心理危机信号。对于出现心理问题的学生，运用心理咨询技巧进行初步干预，并根据情况提供专业的心理咨询转介服务。

就业指导工作要求辅导员紧跟就业市场动态，深入研究不同行业的人才需求特点和职业发展路径。通过开展职业测评、职业规划讲座、企业实习推荐等多种形式的活动，帮助学生了解自身职业兴趣和能力，制定合理的职业发展目标，并提供求职技巧培训，提高学生在就业市场的竞争力。

学业辅导工作中，辅导员依据教育学原理，针对学生在学习过程中遇到的问题，如学习动力不足、学习方法不当等，通过组织学习小组、个别辅导等方式，帮助学生分析问题根源，激发学习动力，引导他们掌握科学的学习方法。同时，与专业教师保持密切沟通，共同关注学生的学业进展，为学生提供全面的学业支持。

思想引领工作是辅导员工作的灵魂所在。辅导员以马克思主义理论为指导，结合时事政治和社会热点问题，通过主题班会、党团活动等形式，引导学生树立正确的价值观念。注重培养学生的批判性思维能力，使他们能够在多元文化思潮中保持清醒的头脑，坚定理想信念，增强社会责任感和家国情怀。

在这样复杂而多元的工作背景下，辅导员工作室通过开展深入的理论研究，整合教育学、心理学、社会学等多学科理论资源，为辅导员提供更科学、系统的教育方法与管理模式。例如，运用教育心理学中的动机理论，为激发学生学习动力提供理论依据；借鉴社会学中的社会支持理论，构建学生心理健康支持体系。通过这些理论的应用，帮助辅导员更加精准地理解和应对学生的需求，提升育人效果。

（二）理论研究与实践结合

辅导员工作室的核心职能之一是进行深入的理论研究。这一研究过程并非简单的资料收集与整理，而是遵循科学研究的规范与方法，运用实证研究、案例分析、文献综述等多种研究手段，对大学生教育工作、日常管理工作等方面的一般规律进行深度挖掘。

在大学生教育工作领域，依据教育心理学中关于学生认知发展和个性差异的理论，研究如何根据不同年级、专业学生的特点制定个性化教育方案。低年级学生通常处于从高中到大学学习模式的过渡阶段，需要注重学习方法的引导和学习习惯的培养；高年级学生则面临升学或就业压力，教育重点应转向职业规划和专业技能提升。不同专业的学生由于知识体系和培养目标的差异，对教育内容和方式也有不同需求。例如，理工科专业学生更注重实践能力和创新思维的培养，文科专业学生则侧重于人文素养和批判性思维的提升。通过对这些特点的深入研究，制定出具有针对性的教育方案，能够有效提高教育的针对性和实效性。

在日常管理工作方面，借鉴管理学中的组织行为学和系统管理理论，探索如何构建科学合理的管理体系。从学生组织架构的优化、管理制度的完善到校园文化氛围的营造，都需要进行系统的规划和设计。一个科学合理的管理体系应具备明确的目标导向、完善的制度保障、有效的沟通机制和激励机制。通过构建这样的管理体系，营造良好的学习生活环境，促进学生的全面发展。例如，建立健全学生自我管理组织，发挥学生干部的积极作用，培养学生的自主管理能力；开展丰富多彩的校园文化活动，增强学生的归属感和凝聚力。

辅导员将这些理论研究成果应用于实践，具有重要的现实意义。在日常管理工作中，依据教育管理理论中的科学化原则，将理论成果转化为具体的工作方法和策略，有助于提升管理工作的科学化水平。例如，运用目标管理理论，为学生制定明确的学习和发展目标，并通过定期的评估和反馈，及时调整教育管理措施，确保目标的实现。

将理论与实践相结合，能够更好地满足学生的多样化需求。在学生管理工作中，根据学生的个性特点和需求差异，运用不同的教育管理方法。

对于性格内向的学生，采用个性化的辅导和支持方式；对于具有领导才能的学生，提供更多参与组织活动和实践锻炼的机会。通过这种精准的管理方式，有效提升学生管理工作的实效性，使辅导员的每一项工作都更加精准、科学，从而提升育人工作的质量。同时，实践过程也是对理论的检验和完善，辅导员在实践中发现新的问题和需求，反馈给理论研究团队，进一步推动理论研究的深入发展，形成理论与实践相互促进、良性循环的发展态势。

（三）多元互补的团队协作

辅导员在长期的工作过程中，由于受到自身教育背景、专业局限以及工作经验的影响，可能会形成相对固定化的育人模式。这种模式在面对日益复杂多样的学生问题时，往往缺乏灵活性和适应性。例如，具有单一学科背景的辅导员在处理跨学科问题或综合性问题时可能会感到力不从心；长期在某一特定工作环境中工作的辅导员，可能难以突破传统思维模式、创新工作方法。

辅导员工作室通过聚集来自不同教育背景、专业特长和工作经验的辅导员，形成了一个多元化、互补性强的团队。团队成员涵盖了教育学、心理学、管理学、社会学等多个学科领域，以及具有不同工作经历和实践经验的辅导员。这种多元化的组合使得团队能够从多个角度思考和解决问题。

在处理学生心理问题时，具有心理学背景的辅导员凭借其专业知识和技能，能够运用心理咨询的专业方法和技术，深入了解学生的心理状态，提供准确的心理评估和有效的干预措施。例如，运用认知行为疗法帮助学生调整负面思维模式，缓解焦虑、抑郁等情绪问题；运用团体心理辅导方法，提升学生的人际交往能力和团队协作精神。而有丰富社会实践经验的辅导员，能够凭借其对社会职场的深入了解，为学生的职业规划和就业指导提供实用的建议。他们熟悉不同行业的发展趋势、人才需求特点以及求职技巧，能够帮助学生制定符合市场需求的职业规划，提高学生在求职过程中的竞争力。例如，指导学生撰写有针对性的简历，传授面试技巧，提供实习和就业信息等。此外，具有教育管理专业背景的辅导员能够在学生日常管理工作中发挥重要作用，运用先进的教育管理理念和方法，优化管理流程，提高管理效率；具有思想政治教育背景的辅导员则能够在思想引领工作中，运用马克思主义理论和思想政治教育方法，引导学生树立正确的世界观、人生观和价值观。这种多元思维的碰撞和融合，使得辅导员工作室能够构建出更加灵活、全面的育人模式。团队成员在日常工作中相互交流、相互学习，分享各自的经验和见解。在面对复杂的学生问题时，通过团队讨论和协作，从不同角度分析问题，制定出综合的解决方案。

二、提高高校辅导员的科研水平

（一）科研能力的提升需求

在高等教育体系中，高校辅导员扮演着至关重要且多面的角色。他们不仅要承担学生管理工作，涵盖班级日常事务管理、学生行为规范引导、校园秩序维护等诸多方面，确保学生的学习生活有序进行；还要肩负起心理辅导的重任，密切关注学生的心理健康状况，及时发现并疏导学生在学习、生活、人际关系等方面产生的心理问题，为学生的心理健康保驾护航；同时，学业支持也是辅导员工作的关键部分，包括指导学生制定学业规划、解决学习过程中遇到的困难、激发学生的学习动力等，助力学生在学术道路上稳步前行。然而，现实情况是，高校辅导员面临着巨大的日常工作压力。学生管理工作的琐碎繁杂、心理辅导工作的高度敏感性和专业性要求以及学业支持工作的持续性和针对性，往往使得辅导员们将绝大部分精力投入这些事务性工作之中。这种全身心的投入虽然保障了学生工作的正常运转，但在一定程度上制约了辅导员科研能力的发展。与专业教师相比，高校辅导员的科研能力普遍处于较弱状态。专业教师通常拥有相对充裕且集中的科研时间，能够全身心地投入学术研究中。同时，他们还能依托学校丰富的科研资源，如先进的实验设备、充足的科研经费、广泛的学术交流机会等，开展深入且系统的学术研究。而辅导员则不同，他们的工作性质决定了其时间被大量分散的事务性工作占据，难以抽出专门且连续的时间用于科研。并且，在科研资源获取方面，辅导员也相对匮乏，缺乏参与高水平学术研讨会、申请科研项目的机会，获取科研数据和资料的渠道也相对有限。这些因素综合起来，导致辅导员难以深入参与到学术研究中。他们在科研方法的掌握、学术前沿的追踪、研究问题的深度挖掘等方面都存在不足，进而使得辅导员群体的学术水平相对较低。这种科研能力和学术水平的差距，不仅不利于辅导员个人的职业发展，也在一定程度上影响了高校学生工作的质量提升。在教育理念不断更新、教育方法日益多样化的今天，高校辅导员需要具备较强的科研能力，以深入研究学生工作中的新问题、新挑战，探索更有效的教育管理方法和策略，为学生的全面发展提供更科学、更专业的支持。

（二）辅导员工作室作为科研平台

辅导员工作室的建立，为解决高校辅导员科研能力提升的难题提供了行之有效的途径。它不仅仅是一个简单的成员聚集场所，更是一个集科研创新与学术交流于一体的有机共同体。

从科研创新角度来看，辅导员工作室能够在特定的科研领域中进行有计划的深入研究。在高等教育不断发展的背景下，学生工作面临着诸多新的课题，如网络时代下学生思想政治教育的新方法、多元文化背景下学生心理健康问题的应对策略、“双一流”建设目标下学生学业发展的支持体系构建等。辅导员工作室可以聚焦这些热点和难点问题，结合成员的专业背景和研究兴趣，确定具有针对性和前瞻性的科研方向。

在团队协作方面，辅导员工作室通过合理的分工与合作，充分发挥每个成员的优势，促进科研活动的高效开展。在科研项目推进过程中，不同辅导员依据自身特长承担不同的任务。例如，那些具有扎实文献检索和研究方法基础的辅导员，负责文献整理与研究方法的制定。他们需要对大量的国内外相关文献进行系统梳理，了解该领域的研究现状、前沿动态以及存在的问题，从而为整个研究项目奠定坚实的理论基础。同时，他们要根据研究问题的性质和目标，选择合适的研究方法，如问卷调查法、访谈法、实验法等，并制定详细的研究方案，确保研究的科学性和可靠性。具备较强数据收集与分析能力的辅导员，则承担数据收集与分析的工作。他们要根据研究方案，设计合理的数据收集工具，如问卷、访谈提纲等，并通过多种渠道收集数据。在数据收集过程中，要严格把控数据质量，确保数据的真实性和有效性。收集到数据后，运用专业的数据分析软件和方法，对数据进行深入挖掘和分析，揭示数据背后隐藏的规律和问题，为研究结论的得出提供有力支持。而文字表达能力较强、对学术规范有深入了解的辅导员，负责学术论文的撰写与编辑。他们要将研究过程和结果以严谨、规范的学术语言进行呈现，按照学术期刊的要求，精心组织论文结构，准确阐述研究观点，详细论证研究过程，确保论文的学术质量。同时，在论文撰写完成后，进行反复的编辑和校对，检查论文的逻辑连贯性、语言准确性以及格式规范性。

在整个科研过程中，工作室成员密切沟通，互相学习，取长补短。通过定期的小组讨论、学术沙龙等活动，成员们分享自己在科研过程中的经验和困惑，共同探讨解决方案。这种交流与合作不仅提高了每个成员的科研能力，更形成了强大的集体智慧，推动了科研工作室的高效运作和科研成果的产生。例如，在研究网络时代下学生思想政治教育新方法的项目中，成员们通过交流发现，不同专业背景的学生对网络思想政治教育的接受程度和方式存在差异。基于这一发现，他们进一步细化研究内容，针对不同专业学生的特点，提出了更具针对性的教育策略，使得研究成果更具实践价值。

（三）科研成果的产出与应用

辅导员工作室所取得的科研成果，具有多方面的重要意义，不仅有助于推动学术研究的发展，还能为辅导员个人的专业成长以及学生工作的优化提供强有力的支撑。

从学术研究层面来看，辅导员工作室聚焦于高校学生工作领域的热点和难点问题开展研究，其科研成果能够丰富和拓展该领域的学术研究体系。在当前高等教育快速发展的背景下，学生工作面临着诸多新的挑战和变化，如教育技术的革新、学生群体特征的转变等。辅导员工作室通过深入研究这些问题，能够为学术界提供新的研究视角和实证数据，推动相关理论的发展和完善。例如，关于大学生心理健康教育模式创新的研究成果，可以为心理学、教育学等学科在该领域的研究提供实践参考，促进跨学科研究的深入开展。

对于辅导员个人的专业成长而言，通过团队合作，辅导员能够在有限的时间内取得更高质量的科研成果。在工作室的科研项目中，成员们相互协作、共同进步，能够接触到更前沿的研究理念和方法，提升自己的科研素养。这些科研成果，如发表的高水平学术论文、参与的科研项目等，能够帮助辅导员获得更多的学术认可。在高校的职称评定、评优评先等工作中，科研成果是重要的评价指标之一。优秀的科研成果能够为辅导员在职业发展道路上赢得更多的机会和资源，为他们的职业生涯发展奠定坚实的基础。

更为重要的是，科研成果的转化能够直接应用于学生的管理和服务工作。在思政教育方面，通过对当代大学生思想特点和行为规律的深入研究，辅导员可以将科研成果转化为更具针对性和实效性的教育内容和方法。例如，基于网络文化对大学生思想影响的研究，辅导员可以创新思政教育方式，利用新媒体平台开展线上线下相结合的思政教育活动，增强思政教育的吸引力和感染力。

在学生管理工作中，科研成果能够为制定科学合理的管理制度和工作流程提供理论依据。比如，通过对学生宿舍管理模式的研究，发现建立学生自我管理组织能够有效提高宿舍管理效率和学生满意度。基于这一成果，学校可以在学生宿舍管理中推广这一模式，优化管理资源配置，提升管理水平。

在学业支持方面，关于学生学习动力激发和学习方法指导的科研成果，可以帮助辅导员更好地了解学生的学习需求，为学生提供个性化的学业指导。例如，根据不同专业学生的学习特点和困难，制定针对性的学习辅导方案，提高学生的学习成绩和学习能力。总之，科研成果的有效应用能够使思政教育、学生管理等工作更加科学、专业，更好地满足学生的发展需求，促进学生的全面成长成才。

三、促进高校辅导员向专家化发展

（一）专业发展困境

高校辅导员的工作性质决定了其工作内容呈现出多领域、全方位的特点。从学生日常行为规范的管理，到思想动态的密切关注；从学业规划的指导，到心理健康的呵护；从校园文化活动的组织，到就业创业的帮扶等等，几乎涵盖了学生在校学习生活的方方面面。这种广泛且分散的工作局面，使得辅导员在实际工作中犹如“救火队员”，需要不断地在各种事务之间切换角色，疲于应付。

传统的工作模式下，辅导员往往被大量琐碎的事务性工作所淹没，每天忙于处理学生的各类突发问题、完成学校各部门下达的行政任务等，几乎没有足够的时间和精力去深入钻研某一特定领域的专业知识。例如，在学生心理健康辅导方面，虽然辅导员需要关注学生的心理状况，但由于缺乏系统深入的心理学专业学习，面对较为复杂的心理问题时，往往只能进行初步的沟通和简单的安抚，难以提供专业、有效的干预措施。

在当前高等教育快速发展的时代背景下，学生的特点和需求发生了深刻变化。新一代大学生成长于信息爆炸的时代，他们思维活跃、个性鲜明，对教育和引导有着更高的期望和多样化的需求。这就要求高校辅导员不能仅仅停留在日常事务的处理上，而需要向专家化方向发展。专家型辅导员不仅要具备扎实的专业知识，能够在特定领域为学生提供精准、深入的指导，还要拥有丰富的实践经验，能够灵活应对各种复杂的学生问题。只有这样，才能更好地满足新时代学生的成长需求，提升高校思想政治教育和学生管理工作的质量与效果，推动高等教育事业的健康发展。然而，目前辅导员广泛分散的工作状态与专家化发展要求之间存在着较大差距，这成为制约辅导员职业发展深度的关键因素。

（二）工作室的专家化支持

辅导员工作室的建设为高校辅导员突破专业发展困境、向专家化方向迈进提供了强有力的支持。工作室的一个重要功能在于引导辅导员聚焦特定领域进行深度研究。在高等教育范畴内，学生工作包含众多细分领域，每个领域都有着独特的理论体系和实践要求。以大学生创新创业领域为例，随着“大众创业、万众创新”理念的深入推进，高校对学生创新创业能力的培养愈发重视。辅导员工作室可以围绕这一领域，组织成员深入研究创新创业教育的理论基础，如创业机会识别、商业模式设计、创新思维培养等方面的知识。同时，鼓励辅导员参与各类创新创业实践活动，积累实践经验，包括指导学生参加创业竞赛、协助学生创办创业项目等。通过这种理论与实践相结合的方式，辅导员能够在该领域逐渐积累深厚的专业知识和丰富的实践经验，提升自身在创新创业教育方面的专业水平。

心理健康教育也是辅导员工作室重点关注的领域。工作室可以组织成员系统学习心理学的基础理论，如发展心理学、变态心理学、心理咨询与治疗技术等专业知识。同时，安排辅导员参与专业的心理咨询培训和实践督导，提高他们在心理健康评估、心理咨询技巧、心理危机干预等方面的实践能力。通过长期的学习和实践积累，辅导员在心理健康教育领域的专业素养将得到显著提升。

思想政治素养提升同样是辅导员工作室的重要研究方向。工作室成员可以深入学习马克思主义理论、中国特色社会主义理论体系，研究新时代大学生思想政治教育的规律和方法。通过开展思想政治教育实践活动，如主题班会、党团日活动等，探索如何将思想政治教育与学生的实际需求相结合，提高思想政治教育的针对性和实效性。

在辅导员工作室中，成员们通过共享学习资源、参加业务培训、进行学术研讨等活动共同进步。工作室可以整合各类学习资源，包括专业书籍、学术期刊、在线课程等，为成员提供便捷的学习渠道。同时，积极组织成员参加校内外的业务培训，邀请相关领域的专家学者举办讲座和培训，使辅导员能够及时了解行业前沿动态和最新研究成果。学术研讨活动也是工作室的重要组成部分，成员们定期围绕特定领域的热点问题、实践难题展开深入讨论，分享彼此的经验和见解。在这样的氛围下，辅导员工作室逐渐形成跨学科、多领域的专家团队。成员们来自不同的学科背景，拥有不同的专业技能和实践经验。在面对学生多样化的问题时，团队成员能够发挥各自的专业优势，进行协同合作。例如，当遇到一名既有学业困扰又存在心理压力的学生时，具有教育学背景的辅导员可以从学业规划和学习方法指导的角度提供建议，而心理学专业的辅导员则可以从心理调适和压力缓解的方面给予帮助。这种跨学科、多领域的协作模式，使辅导员能够迅速做出反应，提供全面、专业的解决方案，有效提升工作质量，逐步实现从普通辅导员到专家型辅导员的转变。

（三）专业化发展的保障

辅导员工作室在高校辅导员专业化发展进程中扮演着不可或缺的角色，它不仅为辅导员提供了坚实的理论研究支持，更为其创造了丰富且深入的实践机会，成为辅导员向专家化发展的重要保障。

在理论研究支持方面，工作室为辅导员搭建了一个优质的学习与研究平台。工作室通过制定系统学习计划和研究方案，引导辅导员聚焦自己感兴趣且与学生工作紧密相关的领域，进行长期、深入的学习和研究。例如，在大学生职业生涯规划领域，工作室可以组织成员研读国内外先进的职业生涯规划理论，如特质—因素理论、职业发展阶段理论、自我效能理论等，深入了解这些理论的内涵、应用范围和实践方法。同时，鼓励辅导员开展相关课题研究，探索如何将这些理论与本校学生的实际情况相结合，制定出更具针对性和实效性的职业生涯规划指导方案。在这个过程中，工作室还会定期组织学术交流活动，邀请该领域的知名专家学者进行学术讲座和研讨，分享最新的研究成果和实践经验。辅导员们在与专家的互动交流中，能够拓宽学术视野，加深对专业理论的理解和把握。此外，工作室还会为辅导员提供学术研究的资源支持，如图书资料、数据库访问权限、科研经费等，保障辅导员的研究工作能够顺利开展。通过这种持续的理论学习和研究，辅导员的专业素养得到不断提升，能够在特定领域形成自己的专业见解和研究成果。

实践机会对于辅导员向专家化发展同样至关重要。工作室积极为辅导员创造参与实践的条件，鼓励成员将所学理论知识应用到实际工作中。例如，在心理健康教育领域，工作室可以与学校的心理咨询中心合作，安排辅导员参与心理咨询值班、团体心理辅导活动的组织与实施等工作。在实践过程中，辅导员能够直接接触到学生的各种心理问题，通过运用所学的心理咨询技巧和方法，帮助学生解决心理困扰，积累丰富的实践经验。同时，工作室还可以组织辅导员开展实践调研活动，深入了解学生的需求和问题现状。例如，针对大学生网络成瘾问题，辅导员可以通过问卷调查、访谈等方式，对本校学生的网络使用情况进行全面调研，分析网络成瘾的原因和影响因素。基于调研结果，制定相应的干预措施和教育方案，并在实践中进行检验和完善。这种理论与实践相结合的方式，使辅导员能够不断提高自己解决实际问题的能力，为学生提供更高质量的服务。

随着辅导员在特定领域的理论研究和实践经验的不断积累，他们在学生工作中的专业性和精准性得到显著提升。这不仅有助于提高辅导员个人的工作效率和质量，也为高校辅导员队伍的专业化、精细化发展注入了强大动力。专业化的辅导员队伍能够更好地满足学生多样化的需求，为学生的成长成才提供更加科学、有效的指导和支持，从而推动高校学生工作向更高水平发展。

四、维护高校辅导员队伍的稳定性

（一）晋升困境与职业发展压力

高校辅导员作为大学生思想政治教育和日常管理工作的主要实施者，在学生成长成才过程中发挥着至关重要的作用。然而，在其职业发展进程中，面临着诸多严峻的挑战，晋升困境与职业发展压力尤为突出。

在科研方面，高校辅导员承受着巨大的压力。辅导员的日常工作繁杂琐碎，涵盖学生的学习、生活、思想等各个方面。从学生的日常行为规范管理、心理健康辅导，到班级活动组织、突发事件处理，事无巨细都需要辅导员亲力亲为。这种高强度、全方位的工作模式，使得辅导员每天的工作时间被大量事务性工作占据，很难抽出充足的时间和精力投入科研工作中。

科研工作需要投入大量的时间进行文献查阅、实验研究、数据分析以及论文撰写等。而辅导员由于工作性质的原因，难以保证相对集中且持续的科研时间。例如，在准备撰写一篇学术论文时，可能会因为学生突发的紧急事件而中断思路和研究进程，导致科研工作难以顺利推进。长此以往，辅导员在科研成果产出方面往往落后于专职教师等其他学术群体。

在高校现有的晋升体系中，科研成果是一项重要的考核指标。无论是职称评定还是职务晋升，都对科研论文发表数量、质量以及科研项目的参与和主持情况有着明确的要求。辅导员由于科研成果相对不足，在与其他具备更多科研时间和资源的教师竞争时，明显处于劣势。这使得他们在职称晋升过程中面临较大的困难，难以顺利提升自己的专业技术职称，从而影响了他们在职业发展中的成就感和经济待遇提升。

在职务晋升方面，辅导员同样面临着困境。高校行政职务晋升机会有限，且竞争激烈。除了科研成果的限制外，辅导员还需要在管理能力、领导经验等方面展现出突出的优势。然而，由于日常工作主要围绕学生事务展开，辅导员在学校行政管理层面的锻炼机会相对较少，缺乏全面的行政管理经验和宏观视野。这导致他们在争取行政职务晋升时，竞争力相对较弱，晋升机会有限。这种晋升空间狭窄的现状，给辅导员带来了沉重的职业发展压力。职业发展的受限不仅影响了辅导员的经济收入和社会地位，更重要的是对他们的职业认同感和工作积极性产生了负面影响。长期处于这种压力之下，辅导员容易产生职业倦怠，对工作失去热情和动力。部分辅导员可能会因为看不到职业发展的前景而选择离开辅导员岗位，这对高校辅导员队伍的稳定性造成了严重的冲击。稳定的辅导员队伍是保障高校学生工作顺利开展、学生健康成长的基础，因此，解决辅导员的晋升困境和职业发展压力问题迫在眉睫。

（二）辅导员工作室的作用

辅导员工作室的出现，犹如为处于职业发展困境中的高校辅导员点亮了一盏明灯，为他们的职业发展提供了新的契机与有力支持，对维护辅导员队伍的稳定性发挥着重要作用。

在科研方面，辅导员工作室为成员创造了丰富的科研项目机会。工作室通常围绕高校学生工作中的热点、难点问题设立一系列科研项目，这些项目紧密结合辅导员的工作实际，具有很强的针对性和实用性。例如，针对当前大学生心理健康问题日益突出的现状，工作室可能会设立关于大学生心理健康教育模式创新的科研项目；针对大学生就业创业面临的挑战，开展相关的就业创业指导策略研究项目等。

工作室通过整合资源，为辅导员提供参与这些项目的平台。在项目实施过程中，工作室会组织成员进行系统的培训，包括科研方法、数据分析、文献综述撰写等方面的培训，帮助辅导员提升科研能力。同时，工作室还会邀请相关领域的专家学者进行指导，为辅导员在科研过程中遇到的问题提供专业的解决方案。通过参与这些科研项目，辅导员能够深入研究学生工作中的实际问题，将实践经验与理论研究相结合，提升科研水平和成果产出。

在团队合作中，辅导员能够参与到更有深度的学术研究中。工作室汇聚了不同学科背景、具有丰富学生工作经验的辅导员，形成了一个多元化、互补性强的学术团队。在团队合作过程中，成员们相互交流、相互启发，能够从不同的视角对研究问题进行深入探讨。例如，在研究大学生思想政治教育实效性问题时，具有教育学背景的辅导员可以从教育理论和方法的角度提供思路，而具有心理学背景的辅导员则可以从学生心理发展规律的角度进行分析，这种跨学科的合作方式能够拓宽研究视野，深化研究内容，使辅导员在学术研究方面取得更有价值的成果。

随着科研水平的提升和科研成果的积累，辅导员在职务晋升过程中获得了更多竞争优势。丰富的科研成果不仅满足了高校晋升体系中对科研的要求，更展示了辅导员在专业领域的深入探索和创新能力，使他们在职称评定和行政职务晋升中更具竞争力。

辅导员工作室还为辅导员提供了更多的职业发展空间和成长机会。工作室通过组织各类培训、学术交流和实践活动，为辅导员提供了一个持续学习和提升的平台。在工作室的学习与合作中，辅导员能够接触到先进的教育理念、管理方法和学术前沿动态，不断更新自己的知识结构，提升专业能力。通过参与工作室的各项活动，辅导员能够更加深入地了解自己的职业价值和发展方向，增强对职业的认同感和归属感。当辅导员在工作中感受到自身的成长和进步，看到职业发展的希望时，他们会更加热爱自己的工作，减少职业发展过程中的迷茫和焦虑，从而有效减少职业发展的瓶颈期。这种积极的职业心态有助于提高辅导员的工作满意度和忠诚度，进而促进辅导员队伍的稳定性。

第三章　高校辅导员工作室的构建框架

第一节　辅导员工作室的基本定义与功能

一、辅导员工作室的定义

（一）辅导员工作室的本质与特点

辅导员工作室是高校为辅导员队伍设立的一个集学习、研究、实践于一体的专业平台，旨在通过系统化的组织结构和科学化的管理机制，提升辅导员的整体素质和工作能力。其本质在于通过集聚辅导员的智慧和力量，形成一个跨学科、协同合作的团队，从而不断提升辅导员的专业素养和教育管理能力。通过这种集体合作和资源共享，辅导员能够在工作室内相互学习，激发创新思维，从而更好地服务学生和学校。

辅导员工作室的主要特点包括以下几个方面。

1. 多元化的成员组成

工作室的成员通常是由拥有不同学科背景和教育经验的辅导员组成。不同学科和专业背景的辅导员聚集在一起，可以提供多视角分析和解决问题的方式。心理学、教育学、社会学、管理学等领域的专业知识能够得到有效整合和应用，促进跨学科的思想碰撞和创新。

2. 灵活的工作方式

与传统的个人化工作模式相比，辅导员工作室采用灵活、高效的团队合作方式，强调成员之间的沟通与协作。通过定期的讨论、研究和交流活动，辅导员能够分享彼此的工作经验和教学方法，提高整体工作效率和质量。

3. 理论与实践相结合

辅导员工作室不仅是一个学习平台，更是一个实践平台。在这里，理论研究和教育实践紧密结合，辅导员不仅能够通过理论学习提升专业知识，还能够将学习到的知识和方法应用到日常的学生管理和辅导工作中，实现理论成果的实际转化。

（二）与传统辅导员工作的区别

传统的辅导员工作模式通常以个人为主，辅导员通常独立承担学生管理和思想政治教育等任务。虽然辅导员在日常工作中可能会遇到诸多挑战和问题，但由于缺乏系统的理论支持和集体协作，辅导员往往依赖自身的经验进行工作，难以解决工作中的复杂问题。这种工作模式可能导致思维定式，缺乏灵活性和创新性，尤其是在面对日益多样化的学生需求时，可能显得捉襟见肘。相比之下，辅导员工作室的建设有助于提升团队协作和知识共享，打破传统的单一工作方式，使辅导员能够在更广泛的层面上进行讨论与合作。辅导员工作室的成员通过跨学科的协作和集体研究，能够更有效地探索学生管理、思想政治教育、心理健康、职业规划等多个领域的最佳实践，制定更加科学、有效的管理方案。辅导员工作室注重教育理念的创新，尤其是在教育内容、方法和模式上的更新。传统的辅导员工作通常侧重于单一的学业成绩和行为管理，而辅导员工作室则在思想政治教育的基础上，更加注重学生的全面成长，尤其是心理健康、个人情感和社会责任感等方面的培养。这种创新的工作模式强调学生在情感上的支持和思维方式的培养，而不仅仅是成绩和行为的管理。

1. 教育内容的扩展

传统辅导员工作的核心内容多集中于学生的学业成绩、行为管理等，而辅导员工作室则把关注点扩展到学生的心理健康、职业规划、社会责任感等更为多维的领域。辅导员工作室将学生的多方面需求纳入工作范畴，通过多层次的支持，帮助学生更好地成长。

2. 工作模式的创新

传统辅导员工作模式多依赖个体的经验和直觉，缺乏系统性和科学性。而辅导员工作室则通过集体合作、跨学科的团队合作，进行科学的研究与创新，探索最适合学生成长的教育方式和管理策略。工作室内成员之间的互动与合作能够激发更多的创新思维，使辅导员能够在解决学生问题时更加灵活和有效。

3. 学生管理的综合性与精细化

辅导员工作室在学生管理中采取更加精细化的策略，根据学生的不同需求制定个性化的管理和教育方案。传统模式下，辅导员的工作往往是整体性的，缺乏针对性和灵活性，而工作室通过对学生行为、心理、职业规划等方面的细致研究，使辅导员能够为每个学生提供更加个性化和专业化的支持。

二、辅导员工作室的功能定位

（一）学生思想政治教育

高校辅导员不仅是学生日常管理的执行者，更是思想政治教育的关键推动者。辅导员工作室通过整合不同学科背景的辅导员力量，为学生思想政治教育提供理论支持、实践指导和创新方法，提升辅导员的教育水平和实际操作能力。

1. 加强理论研究与实践操作能力

辅导员工作室通过深入的理论研究，帮助辅导员提升思想政治教育的理论水平。工作室为辅导员提供了丰富的教育资源和培训机会，辅导员通过定期的学习和讨论，能够不断提升自己在思想政治教育方面的专业素养和实战经验。工作室还定期邀请相关领域的专家学者举办讲座或研讨会，进一步拓宽辅导员的学术视野，提升其理论水平和教育创新能力。

2. 学生思想特点与时代背景的应对

在全球化与信息化的背景下，学生思想教育的难度和复杂性也不断增加。现代学生接触的信息来源多样且纷繁复杂，尤其是网络、社交媒体等新兴信息渠道的出现，使得学生的思想观念受到了前所未有的冲击和影响。因此，辅导员工作室的一项关键职能是帮助辅导员了解和分析当代大学生的思想动态，尤其是如何识别和应对学生在全球化、信息化时代中所面临的思想冲突与价值观分化。工作室通过对学生思想特点的精细化研究，帮助辅导员理解学生群体在当前社会背景下的思维趋势和心理需求。例如，学生可能面临自我认同危机、价值观冲突等问题，辅导员需要及时调整教育策略，有针对性地引导学生树立正确的世界观、人生观和价值观。工作室的研究不仅关注学生的个体思想问题，还帮助辅导员在宏观层面了解社会变革对学生群体思想的影响，从而更好地适应学生群体的需求。

3. 教育活动与情境模拟的应用

辅导员工作室在推动思想政治教育中，注重实践操作的创新性。工作室通过组织多元化的教育活动、情境模拟、专题讨论等方式，为辅导员提供了丰富的教学方法。通过这些形式，辅导员能够在互动性和参与感方面得到提高，从而更有效地吸引学生的兴趣，提升学生的思想政治觉悟。例如，工作室可以通过模拟社会场景、举办价值观辩论赛等活动，帮助学生在实际场景中理解和践行社会责任感和集体主义精神。此外，辅导员工作室还会结合学生的兴趣和需求，设计定制化的教育方案，以适应不同年级、不同背景学生的成长需求。这种多元化的教育活动不仅提升了思想政治教育的质量，也培养了学生更强的社会责任感和集体主义精神。这些怀揣着良好道德与正确价值观的年轻人，未来必将成为推动社会进步的重要力量。

（二）心理健康与职业规划辅导

辅导员工作室为辅导员提供了系统学习心理学和职业规划方面的理论与技巧的机会，帮助辅导员提升其在学生心理健康与职业规划辅导方面的能力，进而更好地支持学生的全面发展。

1. 心理健康辅导的核心作用

随着社会节奏的加快和学业压力的增加，大学生的心理健康问题日益突出，尤其是学业压力、就业压力、情感困扰等问题的严重性不容忽视。辅导员工作室通过定期的心理学培训和案例分享，帮助辅导员提高其心理辅导能力。通过系统学习心理学理论、掌握心理疏导技巧，辅导员能够更好地识别学生的心理问题，并提供及时的帮助。

工作室帮助辅导员理解学生的心理发展阶段，掌握学生在不同阶段可能遇到的心理困惑和成长瓶颈。例如，针对大一新生可能面临的适应性问题、学业焦虑，工作室能够提供有效的干预方法；针对即将毕业的学生，工作室则可以协助辅导员提供就业压力调适和职业规划指导。通过辅导员与学生之间建立信任关系，辅导员工作室能够为学生的心理健康提供多层次、多方面的支持，帮助学生在面对压力时保持积极心态，调整自我，达到身心的平衡。

2. 职业规划辅导的深入指导

职业规划辅导是辅导员工作室的重要功能之一，尤其是在当今竞争激烈的就业市场中，学生的职业规划对于其未来发展具有至关重要的影响。辅导员工作室为辅导员提供了系统的职业规划理论学习和实践指导，通过这一平台，辅导员能够深入了解当前就业市场的动态，掌握求职技巧、简历制作、面试培训等方面的知识，帮助学生更好地规划未来职业道路。工作室通过组织职业规划沙龙、就业指导讲座、职业发展论坛等活动，为学生提供了多样化的职业规划支持。通过这些活动，辅导员能够与学生进行个性化沟通，了解学生的兴趣、优势和职业目标，帮助学生制定切实可行的职业规划。辅导员工作室还通过实践活动，如实习推荐、企业参观等，拓宽学生的职业视野，帮助学生了解不同行业的就业需求，提升学生的就业竞争力。

3. 就业辅导的多层次支持

工作室通过与各类企业、行业协会的合作，组织招聘会、职业发展咨询等活动，帮助学生找到合适的就业机会。此外，辅导员还通过对学生的就业趋势进行跟踪，了解学生就业后的适应情况，及时提供帮助和反馈，确保学生能够顺利过渡到职场。辅导员工作室通过综合性的支持，不仅帮助学生做好职业规划，也为学生提供了实际的就业指导，解决学生在求职过程中的具体问题，如面试技巧、职场礼仪等，为学生进入社会提供全方位的帮助。

第二节　辅导员工作室的组织架构与人员配置

一、工作室组织结构的设计

（一）辅导员工作室的层级与分工

1. 核心层与执行层的设置

辅导员工作室的结构一般可以清晰地划分为两个主要层级：核心层和执行层。这种二元层级架构既符合组织管理的基本原理，又适应辅导员工作室的工作特性，有助于实现工作目标的有效达成。

（1）核心层

核心层在辅导员工作室中占据着领导与决策的关键地位，通常由资深辅导员、管理人员和教育专家共同组成。资深辅导员凭借多年在学生工作一线积累的丰富经验，对学生的思想动态、行为特点以及成长需求有着深入且敏锐的洞察；管理人员具备全面的高校管理知识和丰富的行政经验，熟悉学校的各项规章制度和工作流程，能够从宏观层面协调各方资源；教育专家则拥有深厚的教育学、心理学等专业理论知识，为工作室的工作提供坚实的学术支撑和前沿的教育理念。

核心层承担着一系列至关重要的任务。在战略规划方面，他们站在高校教育事业发展的全局高度，结合学校的办学定位、人才培养目标以及学生工作的实际情况，制定出辅导员工作室的长远发展目标和阶段性工作计划。这些规划不仅要着眼于当下学生工作的需求，更要前瞻性地考虑到未来教育形势的变化和学生群体特点的演变，确保工作室始终朝着正确的方向前进。

理论研究也是核心层的重要职责之一。他们深入探索思想政治教育、学生管理等领域的前沿理论和实践问题，结合工作室的实际工作案例，开展针对性研究。通过理论研究，总结工作经验，提炼工作模式，为工作室的持续发展提供理论依据和创新思路，推动辅导员工作向专业化、科学化方向发展。

政策制定是核心层保障工作室工作顺利开展的关键举措。他们依据国家教育政策法规、学校的相关规定以及学生工作的实际需求，制定出适合工作室的各项规章制度、工作流程和评价标准。这些政策不仅规范了工作室成员的工作行为，确保工作的标准化和规范化，还为成员提供了明确的工作指引和发展方向。

项目管理同样是核心层的重要工作内容。他们负责策划、组织和实施各类与学生教育管理相关的项目，如特色主题教育、学生发展支持计划等。在项目管理过程中，核心层成员从项目的立项、策划、实施到评估，进行全过程的监控和指导，确保项目能够达到预期目标，取得良好的教育效果。此外，核心层还承担着协调资源的重要责任。他们积极与学校各部门、社会各界进行沟通协调，争取人力、物力和财力等方面的支持，为工作室的正常运转和各项工作的开展提供坚实的资源保障。

（2）执行层

执行层是辅导员工作室各项工作的具体落实者，通常由较年轻的辅导员和一些刚刚进入教育行业的人员组成。这些成员虽然在工作经验上相对不足，但他们充满活力，对教育事业充满热情，且具备较强的学习能力和创新精神。

执行层负责具体的日常工作任务，涵盖学生管理与辅导工作的方方面面。在学生的日常管理方面，他们承担着学生的日常行为规范管理、班级建设与管理等工作。通过建立良好的班级秩序，营造积极向上的班级氛围，为学生的成长成才创造有利的环境。

在辅导工作中，执行层成员为学生提供全方位的支持。学业辅导方面，他们深入了解学生的学习情况，针对学生在学习过程中遇到的困难和问题，组织学习小组、开展学习方法指导等活动，帮助学生提高学习成绩和学习能力。心理辅导工作则要求成员具备一定的心理学知识和心理咨询技能，关注学生的心理健康状况，及时发现学生的心理问题并提供必要的心理支持和辅导，引导学生树立积极乐观的心态。

活动组织与实施也是执行层的重要工作内容。他们根据核心层制定的工作计划和活动方案，精心策划并组织各类学生活动，如思想政治教育主题活动、校园文化活动、社会实践活动等。在活动组织过程中，执行层成员充分发挥自身的组织协调能力，确保活动的顺利开展，让学生在丰富多彩的活动中受到教育和锻炼。

执行层成员的主要任务是将核心层制定的战略规划和理论方案切实转化为具体的实践行动。他们需要具备较强的执行力，严格按照工作要求和流程，认真落实每一项工作任务，确保工作的准确性和高效性。同时，执行层成员还应具备强烈的服务意识，始终以学生的需求为出发点，全心全意为人民服务，及时解决学生在学习和生活中遇到的各种问题，为学生的成长成才保驾护航。

2. 职能分工的明确性

在清晰划分层级的基础上，辅导员工作室进一步明确职能分工是提升工作效率和质量的关键环节。每个成员的职责应当依据其个人能力、经验以及专业背景进行科学合理的安排，这不仅有助于充分发挥成员的优势，还能有效避免职能重叠或遗漏等问题。

职能分工明确可以帮助工作室实现资源的优化配置，减少不必要的资源浪费，提高整体工作效率。例如，负责学业辅导的辅导员凭借其在学科知识和学习方法方面的专长，集中精力解决学生在学术问题上的困惑。他们深入研究不同学科的教学特点和学习规律，针对学生的个体差异，制定个性化的学习计划，提供专业的学习指导，帮助学生提升学习成绩和学术素养。

心理健康辅导员则专注于学生的心理支持工作。他们具备系统的心理学专业知识和心理咨询技能，通过开展心理健康教育课程、组织心理辅导活动、进行个体心理咨询等方式，关注学生的心理健康状况，及时发现并干预学生的心理问题。在面对学生的心理困扰时，心理健康辅导员能够运用专业的心理咨询方法和技巧，帮助学生缓解心理压力，解决心理障碍，促进学生的心理健康发展。

职业规划辅导员则将工作重点集中在学生的职业生涯指导上。他们深入了解就业市场动态和行业发展趋势，结合学生的兴趣爱好、专业特长和个人能力，为学生提供个性化的职业规划建议。通过开设职业规划课程、举办职业发展讲座、组织实习实践活动等方式，帮助学生树立正确的职业观念，明确职业发展方向，提升职业竞争力。

明确的职能分工还能极大地促进成员之间的高效协作。在实际工作中，不同领域的辅导员虽然职责各有侧重，但学生的成长发展是一个综合性的过程，往往需要多个方面的支持和配合。例如，在处理学生因学业压力导致的心理问题时，学业辅导员和心理健康辅导员可以密切协作。学业辅导员提供学业方面的分析和建议，心理健康辅导员从心理层面给予支持和疏导，共同帮助学生解决问题。

在组织大型学生活动时，负责不同职能的辅导员可以发挥各自的专长。如活动策划可能需要具备创新思维和组织能力的辅导员牵头，宣传推广则由擅长新媒体运营和宣传工作的辅导员负责，现场组织与协调则依靠具有丰富管理经验和沟通能力的辅导员。通过这种紧密协作，在确保各自职责得到充分履行的同时，形成强大的协同效应，使工作室能够更好地应对复杂多变的学生工作需求，为学生提供更加全面、优质的教育服务。

（二）组织架构与工作效率的关系

一个清晰、科学的组织架构能够有效确保各项任务的分配与执行，避免工作中出现重复、低效或资源浪费的情况。

1. 明确任务分配与执行责任

在辅导员工作室的运行体系中，组织架构的合理设计发挥着基石性的作用，它是确保每一位成员明确自身职责和工作任务的关键前提。从管理学的角度来看，明确的任务分工是提高组织效率的基本要求。通过科学合理的层级划分和细致的职能分工，辅导员工作室能够构建起一个层次分明、职责清晰的工作体系。在这个体系中，每一位成员都如同精密机器中的一个重要零件，在各自特定的工作范围内全力以赴。合理的层级划分明确了不同层次的权力与责任，使得信息传递和决策执行更加顺畅。例如，高层级的核心层成员凭借其丰富的经验、深厚的专业知识和宏观的视野，负责制定工作室的战略方向和整体规划。他们站在全局的高度，对工作室的长期发展目标、阶段性任务以及资源配置等重大问题进行深入思考和科学决策。这些决策不仅要契合高校教育发展的整体趋势，还要充分考虑学生群体的特点和需求，为工作室的发展奠定坚实的基础。而执行层的成员则专注于执行层面的细节工作。他们依据核心层制定的战略规划，将各项任务细化并付诸实践。在学生日常管理、辅导工作以及各类活动的组织实施等具体事务中，执行层成员充分发挥自身的专业技能和工作热情，确保每一个环节都能得到妥善处理。

明确的任务分配不仅仅是简单地划分工作范围，更重要的是能够提升每个成员的责任感和归属感。当成员清楚地知道自己的工作对整体目标的贡献时，会更加积极主动地投入工作中。这种责任感会促使他们以更高的标准要求自己，努力克服工作中遇到的各种困难，确保任务的高质量完成。同时，明确的职责分工也让成员感受到自己在团队中的独特价值，从而增强对工作室的归属感和认同感。这种归属感会进一步激发成员的工作动力，形成一种积极向上的工作氛围。为了确保任务从规划到落实的全过程都得到有效管理，核心层与执行层之间需要建立紧密配合与定期反馈机制。核心层在制定战略规划时，需要充分考虑执行层的实际执行能力和工作情况，确保规划具有可操作性。执行层在执行过程中，要及时向核心层反馈工作进展、遇到的问题以及需要协调的资源等信息。核心层根据这些反馈，及时调整战略规划或提供必要的支持与指导。

2. 激发团队成员的创造性与积极性

辅导员工作室并非仅仅是一个组织结构的简单集合体，它更是一个充满活力的思想和创新的汇聚点。在这个平台上，辅导员们来自不同的专业背景和工作经历，他们带着各自独特的见解和经验汇聚在一起。

从心理学和组织行为学的角度来看，一个良好的组织环境能够满足成员的多种需求，从而激发他们的内在动力。合理的组织架构为成员提供了一个清晰的框架，在这个框架内，成员们明确自己的工作边界和发展空间，能够更加自由地发挥自己的才能。在辅导员工作室中，定期的讨论、交流和合作活动成为激发成员创造性的重要途径。通过这些活动，成员们分享彼此在学生工作中的成功经验和失败教训，相互学习，相互启发。这种思想的碰撞和经验的交流，能够拓宽成员的视野，打破思维定式，为探索新的工作方法提供丰富的灵感来源。

执行层的辅导员身处学生工作的第一线，与学生保持着密切的接触。他们在日常学生管理过程中，能够敏锐地发现新的教育需求或管理漏洞。这些来自实践的观察和思考是工作室创新发展的宝贵资源。执行层辅导员可以将这些发现及时向核心层提出改进意见，为工作室的战略调整提供依据。核心层则凭借其宏观的决策能力和丰富的资源整合能力，对这些意见进行深入分析和研究。如果认为可行，核心层会通过调整战略方向或方法论，进一步优化工作室的工作流程。这种层级之间的有效互动和信息流动，形成了一个良性的创新循环。在这个循环中，工作室能够在实践中不断进行调整与优化。每一次的创新尝试都可能带来工作效率的提升和工作质量的改善。同时，成员们在这个过程中也能够感受到自己的工作价值得到认可，自己的创新想法能够为工作室的发展做出贡献，从而进一步激发他们的积极性和创造性，促使他们更加主动地投入工作中，不断挖掘自身的潜力，为工作室的发展注入源源不断的动力。

3. 工作效率的最大化与团队协作

从系统论的角度来看，一个组织就像一个有机的整体，各个部分之间相互关联、相互影响。合理的组织架构能够将这个整体进行科学的分解，明确每个部分的功能和职责，使各个部分能够协同运作，实现整体功能的最大化。

在辅导员工作室中，合理的组织架构为团队成员提供了清晰的工作目标。每个成员都清楚地知道自己的任务和责任，以及自己的工作在整个工作室目标体系中的位置。这种明确性使得成员们能够更加专注地投入工作，避免了因工作目标不明确而导致的精力分散和工作混乱。例如，负责学业辅导的辅导员明确自己的目标是帮助学生提高学业成绩、提升学习能力；负责心理健康辅导的辅导员则致力于维护学生的心理健康，及时发现并解决学生的心理问题。明确的目标为成员们提供了努力的方向，他们可以根据目标制定具体的工作计划和实施方案，从而提高工作效率。

在团队协作方面，工作室的组织架构发挥着重要的支撑作用。它通过提供一个清晰的沟通框架，规范了成员之间的信息传递路径和方式，使成员之间能够更快速地共享信息，协同完成任务。不同层级和职能的成员在这个框架内，能够明确自己与其他成员之间的工作关系和沟通方式。例如，核心层与执行层之间通过定期的工作会议、工作汇报等形式进行信息交流；同一层级的不同职能成员之间则可以根据工作需要，随时进行沟通与协作。这种清晰的沟通框架减少了信息传递的障碍和误解，提高了信息传递的效率和准确性，使得团队成员能够更加迅速地做出决策，协同解决工作中遇到的问题。

定期的团队合作和讨论活动在促进成员间的相互支持和学习方面发挥着重要作用。在这些活动中，成员们分享工作经验、交流工作心得，互相学习彼此的优点和长处。通过这种相互学习，成员们能够不断提升自己的专业技能和综合素质，更好地应对工作中的各种挑战。同时，在团队合作过程中，成员们能够感受到团队的力量和支持，增强团队凝聚力和协作精神。这种团队精神能够促使成员们在工作中更加积极主动地相互配合，发挥各自的特长，形成强大的工作合力，从而实现工作效率的最大化。在辅导员工作室内，不同层级和职能的成员正是通过这种紧密的协作，充分发挥各自的优势，共同推动工作室各项工作的顺利开展，为学生提供更加优质、高效的教育服务。

二、人员配置与工作职责

（一）辅导员团队的专业化与协作性

在辅导员工作室中，每位成员都应具备专业的背景和丰富的工作经验，以确保团队能够在各自的领域内充分发挥特长，提升整体工作质量和效率。辅导员不仅需要不断提升自身的专业素养，还需要具备跨学科协作的能力，以应对日益复杂的学生问题和多变的教育需求。

1. 专业素养的提升

辅导员工作室成员所应具备的专业素养是一个涵盖多领域、多层面的综合性能力体系，广泛涉及教育学、心理学、管理学、社会学等多个学科范畴。这些学科知识相互交织、相互渗透，共同构成了辅导员有效开展工作的理论基石与实践指南。

教育学知识是辅导员理解教育本质、掌握教育规律的核心要素。扎实的教育学理论基础能够帮助辅导员深入剖析教育目标、教育过程以及教育方法之间的内在联系，从而科学合理地规划和组织各类教育活动。例如，了解不同教育阶段的特点和学生的认知发展规律，有助于辅导员针对不同年级的学生制定适宜的教育策略，激发学生的学习兴趣和潜能，提高教育教学的针对性和实效性。

心理学知识则为辅导员走进学生内心世界、解决学生心理问题提供了有力的工具。辅导员需要掌握学生心理发展的一般规律，洞察不同年级和学科背景学生在成长过程中所面临的独特心理需求和挑战。例如，大一新生可能面临从高中到大学的角色转变适应问题，而高年级学生则可能在学业压力、职业规划等方面产生焦虑情绪。通过运用心理学原理和方法，辅导员能够敏锐地感知学生的情绪变化，及时给予恰当的心理支持和辅导，帮助学生建立健康的心理状态，促进其全面发展。

管理学知识赋予辅导员高效组织和协调各项工作的能力。在学生管理工作中，辅导员需要运用管理学的方法和技巧，合理规划工作流程、分配工作任务，确保学生工作的有序开展。例如，在班级管理中，辅导员可以借鉴目标管理、团队建设等管理理念，营造积极向上的班级氛围，培养学生的自我管理能力和团队合作精神。

社会学知识使辅导员能够从更广阔的社会背景视角理解学生的行为和需求。社会文化、家庭环境等因素都会对学生的价值观、行为方式产生深远影响。辅导员借助社会学的理论和研究方法，能够更好地分析学生问题背后的社会根源，为学生提供更具针对性和实效性的指导和帮助。为了确保辅导员能够紧跟教育发展的前沿动态，不断更新和完善自身的专业知识体系，定期的专业培训和持续学习机制显得尤为重要。专业培训应具有系统性和针对性，结合教育领域的最新研究成果和实践经验，为辅导员提供多元化的学习内容和方式。例如，邀请教育领域的专家学者举办专题讲座，介绍最新的教育理念和教学方法；组织辅导员参加各类学术研讨会，拓宽学术视野，加强与同行的交流与合作；开展在线学习课程，方便辅导员根据自身时间和需求进行自主学习。

持续学习则要求辅导员树立终身学习的理念，将学习融入日常工作和生活之中。辅导员可以通过阅读专业书籍和学术期刊，关注教育领域的政策法规和改革动态，不断积累知识、更新观念。同时，积极参与教育教学实践研究，将所学理论知识应用于实际工作，通过反思和总结不断提升自己的教育技能和实践能力。通过以上多种方式，辅导员工作室能够为成员提供丰富的学习资源和良好的学习氛围，促使辅导员不断深化理论知识，提升教育管理能力，进而在学生教育和管理工作中展现出更高的专业水平，为学生的成长成才提供坚实的保障。

2. 跨学科协作能力的培养

工作室成员通常来自不同的学科背景，各自拥有独特的专业特长，这种多元化的构成既是挑战，更是优势。如何充分发挥这种优势，实现成员之间的有效协作，是提升辅导员工作室工作效能的关键所在。

跨学科协作要求辅导员具备良好的沟通与协调能力。在跨学科团队中，不同学科背景的成员可能使用不同的专业术语、思维方式和工作方法，这就容易导致沟通障碍和误解。因此，辅导员需要掌握有效的沟通技巧，能够清晰、准确地表达自己的观点和想法，同时耐心倾听群众的意见和建议。在与其他成员交流时，要尊重不同学科的差异，尝试从对方的专业视角理解问题，促进信息的顺畅流通和共享。

协调能力同样不可或缺。辅导员需要在不同学科成员之间进行有效协调和组织，确保各项工作能够有序推进。这包括合理安排工作任务、明确各成员的职责分工、协调工作进度以及解决可能出现的冲突和矛盾等。通过建立良好的协调机制，能够充分发挥每个成员的专业优势，形成强大的工作合力。

在实际工作中，跨学科协作的案例屡见不鲜。例如，心理辅导员与学业辅导员的紧密合作。当学生出现学习困难时，学业辅导员可以从学科知识、学习方法等方面为学生提供具体的指导和帮助。而心理辅导员则可以通过与学生的深入沟通，了解其学习困难背后可能存在的心理因素，如学习动机不足、考试焦虑等，并运用专业的心理咨询技术为学生进行心理疏导和干预。双方相互配合、相互补充，能够更全面地解决学生的学习问题，提高学生的学习成绩和学习动力。

又如，职业规划辅导员与思想政治教育辅导员的协作。职业规划辅导员凭借其专业知识和经验，帮助学生了解职业市场需求、探索职业兴趣和职业目标，并制定个性化的职业发展规划。思想政治教育辅导员则从价值观引导、理想信念教育等方面入手，帮助学生树立正确的职业观和人生观，引导学生将个人职业发展与国家社会需求相结合。通过这种跨学科的协作，能够为学生提供更加全面、深入的教育支持，助力学生实现个人成长与社会价值的统一。通过这些跨学科协作的实践，辅导员工作室能够整合各方资源，打破学科壁垒，为学生提供更加全面、细致、个性化的教育服务。

3. 知识共享与经验传递

辅导员工作室的有效运作高度依赖团队成员之间的知识共享与经验传

递。这一过程不仅是成员之间信息的交流与互换，更是团队智慧的汇聚与升华，对于提升整个工作室的工作效率、创新能力以及团队凝聚力具有不可估量的价值。

知识共享涵盖了理论知识、实践经验、教育技巧等多个方面。通过定期的集体学习活动，工作室成员能够共同学习和探讨教育领域的最新理论成果和研究动态，拓宽专业视野，更新知识体系。例如，组织关于教育心理学最新研究进展的学习活动，让成员们了解如何运用新兴的心理学理论更好地理解学生的行为和心理需求，从而在实际工作中更精准地开展教育引导工作。

经验传递则侧重于成员在实际工作中积累的宝贵经验和应对各类问题的有效方法。在学生教育管理工作中，每位辅导员都会遇到各种各样的挑战和问题，通过分享成功案例和解决问题的经验，能够让其他成员从中汲取智慧，避免在类似问题上走弯路。例如，在处理学生突发的心理危机事件时，有经验的辅导员可以详细讲述事件的处理过程、采取的措施以及从中得到的教训，为其他辅导员提供应对此类问题的参考范式。这种知识共享与经验传递的过程能够极大地增强团队凝聚力。当成员们积极参与知识和经验的分享时，会感受到彼此之间的相互支持和信任，从而增强对团队的认同感和归属感。在一个充满分享氛围的团队中，成员们不再将自己视为孤立的个体，而是紧密相连的整体，共同为实现工作室的目标而努力。

同时，知识共享还能激发团队成员的创新思维。不同成员的知识背景和工作经验存在差异，在分享和交流的过程中，各种观点和想法相互碰撞，能够产生新的思路和方法。例如，在讨论如何提高学生参与校园文化活动的积极性这一问题时，不同专业背景的辅导员从各自的角度提出独特的见解，经过充分的交流和讨论，可能会形成创新性的解决方案，推动工作室在教育模式和工作方法上不断改进和创新。为了促进知识共享与经验传递的有效开展，辅导员工作室可以建立多样化的交流平台和机制。除了定期的月度会议外，还可以组织专题研讨会、案例分析会、线上交流群等。在这些平台上，成员们可以随时随地分享自己的见解和经验，共同探讨教育工作中的热点难点问题。

（二）支持人员与工作室协同

支持人员通常包括心理辅导员、职业规划顾问、教育技术支持人员等，他们通过与辅导员的协作，形成合力，共同推动学生管理和教育服务的顺利进行。

1. 工作室日常运营管理

日常运营管理包括工作计划的制定、任务的分配、会议的组织以及活动的安排等方面。这些工作不仅有助于保障工作室日常工作的有序性，也为辅导员团队的高效工作提供了有力的支持。

第一，工作计划的制定是工作室日常运营管理的重要一环。行政支持人员需要根据学期的工作重点、辅导员的工作安排及学生需求，制定详细的工作计划。这包括具体的任务目标、时间节点、工作分工以及执行路径。通过制定科学合理的工作计划，行政支持人员可以确保工作室的任务安排不遗漏、时间不延误，从而提升团队整体的工作效率。工作计划的实施过程中，行政支持人员还需不断跟踪进展，确保任务能够按时按质完成。

第二，会议的组织与安排也是日常运营管理的重要组成部分。在工作室的运营中，定期召开团队会议是加强沟通、协调工作的一个有效手段。行政支持人员负责安排会议的时间、地点、议程，并确保相关人员的参与。通过高效的会议组织，能够及时解决工作中的难点，协调团队成员的工作安排，同时确保工作室的各项工作目标得以顺利推进。会议还可以成为工作总结与反馈的重要平台，辅导员可以在会上分享自己的经验、提出问题并寻求集体解决方案。

第三，行政支持人员还需要组织与安排各类活动。这些活动可能包括学生文化活动、学术讲座、团体辅导、职业规划讲座等。活动的组织不仅能丰富学生的课外生活，增强学生的集体凝聚力和归属感，还能增强工作室的影响力和号召力。行政支持人员需要根据活动的性质和规模，提前规划活动的内容、组织形式、参与人数等，确保活动的顺利开展。同时，行政支持人员还需协调活动的各项资源，如场地、资金、物资等，为活动的实施提供必要的保障。

2. 资料管理与信息整理

辅导员工作室的工作涉及大量的学生信息、教育资源、工作记录等，如何高效地整理、存储和更新这些信息，是确保工作室高效运营的关键因素。行政支持人员负责确保工作室能够及时获取所需的各类数据和信息，并能合理利用这些信息来支撑决策和工作。

第一，学生信息的管理是辅导员工作室资料管理的核心部分。学生信息的收集和管理需要精确且有序。行政支持人员要负责建立完善的学生信息档案系统，包括学生的个人信息、学业成绩、思想政治表现、心理健康状态、职业发展规划等方面的内容。学生信息档案要随时更新，确保信息的实时性和准确性。通过这一信息档案，辅导员能够全面了解学生的各类需求和问题，从而为学生提供更有针对性的帮助。

第二，教育资源的管理与整理也是行政支持人员的重要任务。工作室常常需要依靠丰富的教育资源来支持思想政治教育、心理辅导、学业指导等工作。行政支持人员要确保这些资源能够被及时整理、存档并在需要时便捷地调取。这些教育资源包括各类文献、教材、视频、学习资料等，也包括一些成功的教育案例和经验分享。资源的高效管理能够为辅导员工作提供更丰富的支持材料，也能够提升教育工作的质量。

第三，工作记录的整理也是行政支持人员的重要职责之一。每一次与学生的互动、每一个活动的组织，每一项工作的开展，都需要记录在案。行政支持人员要确保工作记录的准确性与完整性，并对这些记录进行分类整理。良好的工作记录能够帮助工作室总结经验教训，改进工作方式，也能为未来的工作提供参考和依据。尤其是在需要评估工作效果时，工作记录能够为分析和总结提供详细的数据支持。

3. 后勤保障

辅导员工作室的运营不仅仅是依赖于行政支持人员在文书工作上的努力，还需要在活动开展、资源管理等方面提供充分的后勤保障。后勤保障涉及的内容广泛，涵盖了会议室安排、设备与工具管理、活动策划与执行等多个方面。

会议室的安排是后勤保障的一项基础性工作。在高效的工作室运营中，行政支持人员需确保工作室有足够的空间进行团队会议、学术讨论、讲座培训等活动。这些空间的合理安排可以确保活动的顺利进行，同时避免出现时间或空间冲突。行政支持人员需提前规划好会议室的使用安排，并根据实际情况调整。特别是在学校的重要会议、活动期间，合理安排会议室资源尤为重要，确保工作室的需求能够得到及时满足。

设备与工具的管理同样是后勤保障中的关键内容。工作室在日常工作中需要各类硬件设备与软件工具，如电脑、投影仪、打印机、会议电话、录音设备、在线平台等。行政支持人员需要定期检查这些设备的使用情况，确保设备能够正常运行。在设备的配置上，还需要根据工作室的需求进行合理配置，确保每项活动、每次会议都有相应的设备支持。此外，工具的合理管理还涉及对办公文具、教学材料等资源的及时补充与管理。

活动策划与执行则是后勤保障工作中的重要任务之一。行政支持人员负责协调和组织各种文化活动、学术交流、职业发展活动等。这些活动的策划涉及活动内容的确定、资源的调配、人员的安排等多个方面。行政支持人员需根据辅导员团队的目标和学生的需求，策划出切实可行且富有吸引力的活动内容，并安排好所有后勤工作，如场地租赁、物资采购、人员安排等。活动的顺利执行离不开行政支持人员的细心安排和高效执行。

第三节　辅导员工作室的硬件与软件资源配置

一、硬件资源的配置要求

（一）设施建设与办公环境优化

1. 基础办公设备的配置与维护

辅导员工作室作为高校学生工作的前沿阵地，承担着开展学生工作、推进教育教学研究以及促进团队协作等多重重要使命。在这一背景下，基础办公设备的合理配置与有效维护成为工作室高效运转的关键支撑。

电脑，作为工作室办公设备的核心，其性能的优劣直接影响到辅导员各项工作的开展效率与质量。在当今数字化时代，辅导员需要处理海量且繁杂的工作任务，涵盖各类文档的编辑与审阅、大规模学生信息数据的统计分析、多媒体资料的制作与处理以及运行专业教育管理软件等多个方面。以处理学生信息数据为例，高校学生数量众多，信息数据庞大，包括学生的基本资料、学业成绩、奖惩记录、心理测评结果等。高性能电脑凭借其强大的中央处理器（CPU）和大容量内存，能够快速读取、分析和处理这些数据，确保数据处理的准确性与及时性，为辅导员制定精准的学生管理策略提供有力支持。同时，在多媒体资料编辑方面，如制作思政教育宣传视频、教学课件等，高性能电脑能够流畅运行专业的视频编辑软件和图形处理软件，实现高质量的音视频剪辑、特效添加以及图文排版，提升教育教学内容的吸引力和感染力。

打印机作为工作室日常文件处理的必备设备，其功能的多样性直接关系到工作效率。考虑到工作室日常文件处理的多样化需求，选择具备打印、复印、扫描等多功能一体的设备成为必然。在日常工作中，辅导员不仅需要打印各类文件、通知、报告等，还常常涉及文件的复印留存以及扫描存档等操作。多功能打印机能够集多种功能于一身，避免了因设备功能单一而频繁更换设备所带来的时间浪费，大大提高了工作效率。例如，在处理学生的请假申请、成绩单、推荐信等文件时，多功能打印机可以快速完成打印、复印和扫描等一系列操作，确保文件处理的高效与便捷。

为保障办公设备的正常运行，建立完善的设备维护制度势在必行。办公设备在长期使用过程中，不可避免地会出现硬件磨损、软件故障等问题，若不及时进行维护与保养，将严重影响设备的使用寿命和工作性能，进而导致工作延误。因此，工作室应制定科学合理的设备维护计划，安排专业人员或与专业维修机构建立长期合作关系，对办公设备进行定期检查、清洁、软件更新等全面维护工作。定期检查能够及时发现设备潜在的硬件问题，如电脑内部硬件的松动、打印机喷头的堵塞等，以便及时进行修复，避免问题恶化。清洁工作则可以有效清除设备表面和内部的灰尘、杂物，防止因灰尘积累导致设备散热不良、性能下降等问题。软件更新能够确保设备操作系统和应用程序始终保持最新版本，修复已知漏洞，提升系统安全性和稳定性，同时增加新功能，提高设备的工作效率。通过这些维护措施，可以有效延长设备使用寿命，降低设备故障率，确保工作室各项工作的顺利进行。

2. 会议设备的配备与考量

会议设备在辅导员工作室的日常运作中扮演着不可或缺的角色，是进行团队交流、学术研讨以及与外部机构沟通协作的重要工具。其合理配备与科学布局对于提高会议效率、提升沟通质量具有重要意义。

在会议室中，高质量的音响系统是确保会议信息准确传递的关键要素。音响系统的音质直接影响参会人员对会议内容的接收和理解。一套优质的音响系统应具备清晰、无杂音的声音输出效果，能够在会议室的各个角落均匀地传播声音，确保每一位参会人员都能清楚听到会议发言、讨论内容以及播放的相关资料音频。这不仅要求音响设备本身具备高保真度和良好的音频处理能力，还需要在安装和调试过程中充分考虑会议室的声学环境，如空间大小、形状、吸音材料的使用等因素，通过专业的声学设计和调试，优化声音传播效果，避免声音反射、回声等问题对音质造成干扰。

投影仪作为展示会议资料的核心设备，其分辨率和亮度是选择时需要重点考量的因素。在会议过程中，投影仪常用于展示各类资料，如 PPT 演示文稿、教学视频、研究报告图表等。高分辨率的投影仪能够呈现出清晰、细腻的图像和文字，使参会人员能够轻松读取资料内容，避免因图像模糊而造成的信息误解。亮度方面，不同会议室的光线条件各异，充足的亮度能够保证在各种光线环境下，投影画面都能清晰可见。例如，在白天光线较强的会议室中，高亮度投影仪能够有效克服环境光的干扰，使投影画面依然鲜明、生动，确保参会人员能够专注于展示内容。此外，投影仪的对比度、色彩还原度等指标也会影响展示效果，应根据实际需求综合选择。

随着高校对外交流与合作的日益频繁，远程会议成为辅导员工作室与校外专家、合作单位进行沟通协作的重要方式。为满足这一需求，配备先进的视频会议设备至关重要。视频会议设备主要包括高清摄像头、麦克风等组件。高清摄像头能够捕捉清晰、流畅的画面，确保远程参会人员能够实时、直观地看到会议现场的情况，包括参会人员的表情、动作以及展示的资料等。高像素的摄像头可以提供细腻的图像质量，减少画面的模糊和失真，增强远程交流的真实感。麦克风则负责采集清晰的声音信号，确保声音在传输过程中不失真、无杂音。优质的麦克风具备良好的降噪功能，能够有效过滤周围环境噪声，突出发言人的声音，使远程参会人员能够准确听到会议内容。在选择视频会议设备时，还需要考虑设备的兼容性、稳定性以及网络适应性等因素，确保设备能够与不同的视频会议平台无缝对接，在复杂的网络环境下保持稳定的连接，实现高效的跨地域沟通。

会议设备的布局也是影响会议质量与效率的重要因素。在进行会议设备布局时，要充分考虑会议室的空间大小和座位安排。音响系统的扬声器应合理分布在会议室的各个角落，确保声音覆盖均匀；投影仪的安装位置要保证投影画面能够完整、清晰地投射在屏幕上，且不会对参会人员的视线造成遮挡；视频会议设备的摄像头和麦克风要安装在合适的位置，能够覆盖整个会议室，保证远程参会人员能够全面了解会议情况。此外，设备的操作面板应易于操作，方便会议主持人在会议过程中进行设备的开关、切换、音量调节等操作，避免因设备操作不便而影响会议的流畅性。通过合理的设备布局，可以营造一个舒适、便捷的会议环境，提高会议的质量与效率。

3. 工作环境的整体规划与功能区域设置

一个舒适、宜人的工作环境对于提高辅导员工作室团队成员的工作积极性和效率具有不可忽视的作用。在工作室的空间布局规划中，充分考虑不同功能的需求，合理设置专门的讨论区、会议室以及培训区域，是实现工作室高效运作的重要环节。

讨论区作为团队成员思想碰撞与交流的场所，应着力营造轻松、开放的氛围。这一区域配备舒适的桌椅至关重要，符合人体工程学设计的桌椅能够有效减轻长时间就座带来的疲劳感，使团队成员能够在舒适的状态下进行深入讨论。白板作为讨论区的重要工具，为团队成员提供了一个直观地展示和记录想法的平台。在讨论过程中，成员们可以随时在白板上书写观点、绘制图表、梳理思路，方便大家共同探讨和完善方案。此外，讨论区的装修风格和布置也应体现轻松、开放的特点，例如选择柔和的灯光、温馨的色彩搭配以及舒适的软装装饰，营造出一个让人感到放松和愉悦的空间。这种环境能够激发团队成员的创造力和思维活跃度，促进思想的自由交流与碰撞，为解决复杂的学生工作问题、制定创新的教育教学方案提供良好的氛围。

会议室作为工作室进行正式会议和研讨活动的场所，需要注重空间的静谧性和专业性。静谧的环境能够减少外界干扰，确保参会人员能够专注于会议内容。在会议室的选址和装修过程中，应采取有效的隔音措施，如使用隔音材料对墙壁、门窗进行处理，减少外界噪声的传入。同时，合理布置座位也是提高会议效率的关键。座位的排列应根据会议室的形状和大小进行科学设计，既要保证参会人员之间能够方便地进行眼神交流和互动，又要避免座位过于拥挤或分散，影响会议的整体氛围。此外，会议室的内部装饰应简洁大方，体现专业性，避免过多的装饰元素分散参会人员的注意力。通过营造这样一个专业、静谧的会议环境，能够提高会议的质量和效果，确保各项决策和研讨能够顺利进行。

培训区域是提升辅导员专业素养和业务能力的重要场所，因此需要配备先进的教学设备。智能投影仪作为培训区域的核心设备之一，能够通过高清的图像展示，为辅导员提供丰富的教学资源，如专业培训视频、学术讲座资料、案例分析演示等。电子白板则为培训师提供了一个便捷的互动教学工具，培训师可以直接在电子白板上进行书写、标注、操作演示等，与学员进行实时互动，增强教学效果。此外，培训区域还可以配备电脑、音响系统等设备，满足不同培训课程的需求。通过这些先进教学设备的配备，能够为辅导员提供多样化的学习方式和丰富的学习资源，促进辅导员不断提升自身的专业知识和技能水平，更好地适应新时代学生工作的要求。

除了功能区域的合理设置和设备配备，工作室的装修风格和照明设计也对工作氛围和团队成员的身心健康有着重要影响。工作室的装修风格应简洁大方，避免过于复杂或花哨的设计，以营造一个整洁、舒适的工作环境。色彩搭配方面，应选择柔和、协调的色彩，如淡蓝色、米黄色等，这些色彩能够给人带来平静、愉悦的感觉，有助于缓解工作压力。在照明设计上，要充分利用自然采光，让阳光尽可能多地照进工作室，不仅能够节省能源，还能提高室内的明亮度和舒适度。同时，合理布置人工灯光，如采用柔和的吊灯、壁灯和台灯等，为不同区域提供适宜的照明亮度，避免光线过强或过暗对眼睛造成伤害。通过科学合理的装修风格和照明设计，能够营造出温馨、舒适的工作氛围，促进团队成员的身心健康，提高工作效率。

（二）新媒体设备与技术支持

1. 新媒体设备的配备与应用

在新媒体时代浪潮的席卷下，信息传播方式和教育教学模式发生了深刻变革，辅导员工作室作为高校学生教育管理的重要前沿阵地，必须紧跟时代步伐，配备一系列先进的新媒体设备，以满足日益多样化、复杂化的工作需求。

智能投影仪作为工作室信息展示的核心工具，其性能与功能的优劣直接影响到教育教学资源的呈现效果。在分辨率方面，高分辨率的投影仪能够呈现出极为清晰、细腻的图像，无论是展示微观的教学图表、学术图片，还是宏观的宣传视频、活动影像，都能确保每一个细节都清晰可辨，让学生和受众能够精准获取信息。高亮度则保证了在不同环境光条件下，投影画面依然鲜明夺目。例如，在白天光线充足的会议室或教室中，高亮度投影仪可有效克服环境光干扰，使展示内容不受光线影响，始终保持良好的可视性。

同时，支持多种连接方式是智能投影仪不可或缺的特性。HDMI 接口作为目前高清视频传输的主流接口，能够实现投影仪与电脑、高清播放器等设备的高速、高质量连接，传输未经压缩的高清视频和多声道音频信号，确保图像和声音的完美同步与高质量输出。USB 接口则为投影仪的使用提供了更大的灵活性，可直接读取 U 盘中的资料，无须额外设备中转，方便快捷地展示各类文档、图片、视频等宣传资料。这种多连接方式的设计，极大地丰富了投影仪可展示的内容来源，使工作室能够根据不同的工作场景和需求，灵活展示丰富多样的教学资源，如专业课程讲解视频、思政教育案例资料、校园文化活动宣传视频等，为教育教学和宣传工作提供了强大的支持。

视频会议设备在辅导员工作室的沟通协作中扮演着举足轻重的角色。在当今全球化和信息化的背景下，与学生、家长以及其他部门进行远程沟通已成为常态。设备的稳定性是确保远程沟通顺利进行的关键。稳定的视频会议设备需要具备可靠的硬件架构和先进的网络自适应技术，能够在复杂多变的网络环境下保持连接的稳定性，减少信号中断、卡顿等问题的出现。兼容性也是衡量视频会议设备优劣的重要指标，它应能够与多种操作系统（如 Windows、MacOS、Linux 等）、不同品牌的终端设备（如电脑、手机、平板等）以及各类视频会议软件平台（如腾讯会议、钉钉等）实现无缝对接。

只有这样，在与不同对象进行远程沟通时，才能确保各方都能顺利接入会议，实现高清、流畅的视频通话。例如，在与学生家长沟通学生在校情况时，高清的视频画面能让家长直观地看到工作室环境和沟通场景，增强沟通的真实感和信任度；流畅的声音传输保证了信息的准确传达，避免因声音延迟或卡顿造成误解，从而有效打破地域限制，提高沟通效率，及时解决学生教育管理过程中的问题。

网络直播设备的配置是工作室开展线上活动的重要基础。随着互联网技术的发展，线上讲座、直播教学等活动日益成为高校教育教学的重要补充形式。专业的摄像头是保证直播画面清晰的关键。高像素、具备光学变焦功能的摄像头能够捕捉到细腻、生动的画面，无论是拍摄讲师的讲解画面，还是展示教学道具、实验过程等细节，都能为学生提供清晰的视觉体验。麦克风的选择也至关重要，优质的麦克风能够有效过滤环境噪声，精准捕捉声音信号，确保直播声音质量高，让学生能够清楚听到讲解内容。

直播编码器则负责将摄像头和麦克风采集到的音视频信号进行编码处

理，转化为适合网络传输的格式，并通过网络将直播内容推送到各个直播平台。为了保证直播的流畅性和稳定性，直播编码器需要具备强大的数据处理能力和高效的编码算法。这些网络直播设备协同工作，能够保证直播画面清晰、声音质量高，为学生营造出如同现场参与般的学习体验，吸引学生积极参与互动。例如，在开展线上学术讲座时，学生可以实时提问、发表见解，与讲师进行互动交流，极大地拓展了工作室的工作空间和影响力，使教育教学活动突破传统课堂的时空限制，更加生动、直观，提高学生的参与度和学习效果。

2. 教育技术支持工具的引入与利用

在信息技术飞速发展的今天，积极引入各类教育技术支持工具，对于提升辅导员工作室的信息处理效率、科研教学水平以及为学生提供个性化服务具有至关重要的意义。

在线学习平台作为现代教育的重要支撑，为学生提供了一个开放、便捷且资源丰富的学习环境。它打破了传统课堂教学在时间和空间上的严格限制，使学生能够根据自身实际情况灵活安排学习进度。工作室可以充分利用在线学习平台的强大功能，上传丰富多样的教学视频。这些教学视频可以涵盖专业课程的详细讲解、前沿学术动态的介绍、思政教育的深度解读等多个领域，满足学生不同的学习需求。课件的上传则为学生提供了系统的学习资料，帮助学生更好地梳理知识结构，加深对知识点的理解。作业功能的设置，使学生能够及时巩固所学知识，通过完成作业，发现自己的知识薄弱点，有针对性地进行学习。

同时，在线学习平台支持的在线测试功能，能够及时检验学生的学习成果，为学生提供自我评估的机会。讨论交流功能则为学生之间的互动与协作学习搭建了桥梁。学生可以在平台上就某个知识点展开讨论，分享自己的见解和学习经验，从不同角度思考问题，拓宽思维视野。这种互动式学习模式不仅能够提高学生的学习积极性，还能培养学生的团队协作能力和沟通能力，促进学生之间的思想碰撞和知识共享。

学习管理系统是辅导员对学生学习过程进行全面管理的得力助手。课程安排功能使辅导员能够根据教学计划和培养方案，合理规划课程的授课时间、地点和内容，让学生提前了解学习进度和任务。学生考勤功能通过信息化手段，实时记录学生的出勤情况，辅导员可以随时查看学生的出勤记录，及时发现旷课、迟到等异常情况，并与学生进行沟通，了解原因，督促学生按时上课。成绩统计功能则能够自动收集和分析学生的考试成绩、作业成绩、平时表现等数据，生成详细的成绩报表。通过这些数据，辅导员可以直观地了解每个学生的学习情况，发现学生在学习过程中存在的问题，如某些学生在特定课程上成绩波动较大、部分学生作业完成质量不高等。

数据分析工具在教育领域的应用，为辅导员提供了深入了解学生学习行为和需求的有力手段。通过对学生的学习行为数据、考试成绩数据、在线互动数据等进行全面、深入地挖掘和分析，能够揭示学生学习过程中的潜在规律和问题。例如，学习行为数据可以记录学生在在线学习平台上的登录时间、学习时长、课程点击次数、学习路径等信息。通过分析这些数据，辅导员可以了解学生的学习习惯和偏好，如哪些学生喜欢在晚上学习、哪些学生对某些课程特别感兴趣等。考试成绩数据的分析可以帮助辅导员发现教学过程中的薄弱环节，判断教学内容和方法是否符合学生的学习水平。

在线互动数据则反映了学生的参与度和思维活跃度，辅导员可以通过分析学生在讨论区的发言内容、提问频率等，了解学生的学习困惑和关注点。基于这些数据分析结果，辅导员能够制定更加个性化的教育教学方案，针对不同学生的特点和需求，调整教学内容、方法和进度，提供有针对性的辅导和支持，从而提高教育教学的针对性和实效性。

工作室还可以引入一些专业的教育软件，以满足学生在特定领域的学习和发展需求。心理健康测评软件能够通过科学的测评量表和算法，对学生的心理健康状况进行全面评估，及时发现学生可能存在的心理问题，如焦虑、抑郁、压力过大等。辅导员可以根据测评结果，为学生提供相应的心理咨询和辅导建议，帮助学生保持良好的心理状态。职业规划指导软件则可以根据学生的兴趣爱好、专业技能、性格特点等因素，为学生提供个性化的职业规划建议，引导学生了解不同职业的发展前景和要求，帮助学生制定合理的职业发展目标和计划，为未来的就业和职业发展做好充分准备。

二、软件资源的配置要求

（一）数据管理与信息化平台建设

1. 学生信息管理系统的构建与功能实现

在当今数字化时代，学生信息管理系统已然成为辅导员工作室数据管理的核心枢纽，对于提升学生教育管理工作的精准性与有效性具有不可替代的作用。该系统的构建旨在全面整合学生多维度信息，形成一个完整且具有深度分析价值的数据体系。

从信息记录功能的全面性来看，学业信息板块是系统的重要组成部分。学业成绩的详细记录不仅仅是简单的分数罗列，还包括对学生在不同学期、不同课程中的成绩变化趋势分析。通过对成绩数据的深入挖掘，能够清晰地呈现出学生在各个学科领域的学习状况，例如，发现学生在某些课程上成绩波动较大的原因，究竟是课程难度的变化，还是学生自身学习态度或方法的问题。课程选修情况的记录则有助于了解学生的兴趣偏好和专业发展方向，辅导员可以据此为学生提供更具针对性的选课建议，引导学生构建合理的知识结构。考勤记录作为反映学生学习态度和日常行为规范的重要指标，通过系统的自动化记录与统计功能，能够及时发现学生的出勤异常情况，为进一步了解学生的学习状态和生活状况提供线索。

心理信息的管理同样不容忽视。心理健康状况的实时监测对于学生的身心健康发展至关重要。系统详细记录学生的心理咨询记录，包括咨询时间、咨询主题、咨询师建议等内容，这些信息能够帮助辅导员全面了解学生在心理层面所面临的问题和挑战。心理测评结果作为量化分析学生心理状态的重要依据，通过科学的测评量表和专业的数据分析方法，能够提前发现学生潜在的心理问题，如焦虑、抑郁等情绪倾向，以及性格特点和心理适应能力等方面的情况。例如，通过对一系列心理测评数据的长期跟踪和分析，辅导员可以及时发现学生心理状态的变化趋势，提前介入并采取相应的干预措施，避免心理问题的恶化。

行为信息板块则聚焦于学生的日常行为表现和奖惩情况。日常行为表现记录涵盖了学生在校园生活中的各个方面，如遵守校规校纪情况、参与社团活动情况、志愿服务经历等。这些信息反映了学生的综合素质和社会责任感，为全面评价学生提供了丰富的素材。奖惩情况的记录不仅是对学生优秀表现的肯定和激励，也是对学生不良行为的警示和约束。通过对行为信息的综合分析，辅导员可以更全面地了解学生的品德修养和行为习惯，为开展个性化的思想政治教育和行为引导提供有力支持。

在技术实现层面，学生信息管理系统采用先进的数据库技术是确保系统高效运行的关键。数据库管理系统应具备高度的数据安全性，通过严格的用户权限管理和数据加密技术，防止学生信息的泄露和非法访问。例如，采用多层次的身份验证机制，确保只有经过授权的人员才能访问特定级别的学生信息；对存储在数据库中的敏感信息，如学生的身份证号码、家庭住址等进行加密处理，保障学生的隐私安全。稳定性是数据库技术的另一个重要特性，系统需要具备强大的容错能力和数据恢复功能，以应对可能出现的硬件故障、软件错误或网络中断等问题，确保数据的完整性和可用性。可扩展性则使系统能够适应未来学生数量的增长、信息需求的变化以及功能扩展的要求，通过灵活的数据库架构设计和分布式存储技术，能够轻松应对数据量的不断增加和业务逻辑的日益复杂。

同时，友好的用户界面设计是提高辅导员工作效率的重要因素。系统的操作界面应简洁直观，符合辅导员的工作习惯和操作流程。数据录入功能应具备高效性和准确性，通过智能化的输入提示和数据验证机制，减少人工输入错误。查询功能应支持多样化的查询条件组合，能够快速定位到所需的学生信息。统计和分析功能则应提供直观的图表和报表展示，帮助辅导员更清晰地理解数据背后的含义。

2. 工作室内部运营管理信息化平台的搭建与作用

在高校辅导员工作室的日常运作中，内部运营管理的信息化建设是提升工作效率、促进团队协作以及优化资源配置的关键环节。搭建专门的内部运营管理信息化平台，能够将工作室的各项管理工作进行数字化整合，实现管理流程的规范化、透明化和高效化。

任务分配功能是该平台的核心应用之一。通过对工作室成员的职责、专业技能和工作负荷进行详细分析，平台能够运用智能算法将各项工作任务合理分配到具体人员。这一过程并非简单的随机分配，而是充分考虑了成员的能力特长和工作饱和度，以确保任务分配的科学性和合理性。例如，对于涉及心理健康教育的任务，优先分配给具有心理学专业背景的成员；对于需要较强组织协调能力的活动策划任务，则安排经验丰富、沟通能力出色的成员负责。任务分配完成后，平台实时跟踪任务的完成进度，通过内置的提醒机制，在任务临近截止日期时自动向相关人员发送提醒信息，确保任务按时完成。

科研项目管理是工作室内部运营的重要组成部分。信息化平台为科研项目的全生命周期管理提供了一站式解决方案。在申报阶段，平台提供标准化的申报模板和流程指引，帮助团队成员准确填写申报信息，确保申报材料的完整性和规范性。同时，平台还可以整合相关的科研资源和政策信息，为申报工作提供有力支持。立项后，平台对项目的研究进展进行实时跟踪，团队成员可以上传项目阶段性成果、研究报告等资料，方便项目负责人和其他成员随时了解项目动态。在研究过程中，平台支持团队成员之间的在线沟通协作，通过讨论区、文件共享等功能，实现信息的及时交流和资源的共享，打破了时间和空间的限制，提高了科研项目的研究效率。成果验收阶段，平台按照验收标准对项目成果进行整理和审核，确保项目成果符合要求，顺利通过验收。

资源管理也是内部运营管理信息化平台的重要功能之一。工作室的资源种类繁多，包括办公设备、教学资料、图书文献等。平台通过建立详细的资源数据库，对每一项资源进行唯一标识和详细记录，包括资源的名称、型号、购置时间、存放位置、使用状态等信息。在资源调配方面，平台支持在线申请和审批流程，工作室成员可以根据工作需要提交资源使用申请，管理员通过平台进行审批，实现资源的合理分配和高效利用。例如，当多个成员同时申请使用某一办公设备时，平台可以根据申请时间和工作紧急程度进行合理安排。同时，平台还具备资源盘点和预警功能，定期对资源进行盘点，及时发现资源缺失或损坏情况，并对即将到期或需要维护的资源发出预警，确保资源的正常使用和有效管理。

（二）新媒体平台与工具的选择与整合

1. 社交平台的选择与应用策略

在新媒体蓬勃发展的时代背景下，社交平台已然成为信息传播与人际互动的关键场域。对于辅导员工作室而言，合理选择并有效运用社交平台，是加强与学生沟通交流、开展思想政治教育及日常管理工作的重要途径。微信、微博、QQ 等社交平台凭借其庞大的用户基数、多元的功能特性，在众多平台中脱颖而出，成为辅导员工作室与学生互动交流的优选工具。

微信作为一款综合性社交应用，其便捷的即时通信功能极大地拉近了辅导员与学生之间的距离。通过创建工作室公众号，辅导员能够构建起一个专属的信息发布与教育引导阵地。在内容创作方面，需精心策划，确保发布的信息既具有教育意义又能吸引学生关注。学生工作动态的发布，能够让学生及时了解学校及班级的各项事务安排，增强其对集体活动的参与感与归属感；思政教育内容的推送，则以生动、易懂的方式传播主流价值观，引导学生树立正确的世界观、人生观和价值观。学习生活小贴士涵盖了学习方法、心理健康、生活常识等多个方面，为学生的成长成才提供全方位的指导。

同时，微信的群组功能为辅导员与学生的实时沟通搭建了高效桥梁。班级群作为日常管理的重要工具，辅导员可以及时发布通知、解答疑问，确保班级信息的顺畅传递。主题讨论群则围绕特定话题展开深入交流，如针对社会热点事件组织讨论，引导学生运用所学知识进行分析，培养其批判性思维和社会责任感。在群组交流中，辅导员要注重营造民主、平等的氛围，鼓励学生积极发言，充分尊重学生的观点和想法，及时给予反馈和引导。

微博以其独特的信息传播机制，在信息传递的速度和广度上具有显著优势。其开放性和快速传播性，使得它成为发布热点话题讨论和校园文化活动宣传的理想平台。辅导员可以结合当下社会热点、校园焦点问题，发起话题讨论，引导学生关注社会、思考现实问题。通过设置具有启发性的话题标签，吸引更多学生参与讨论，拓宽学生的视野和思维边界。在校园文化活动宣传方面，微博能够以图文并茂、短视频等形式，迅速传播活动信息，展示活动精彩瞬间，激发学生的参与热情，增强校园文化活动的影响力和覆盖面。

QQ 作为一款历史悠久且功能丰富的社交软件，为辅导员与学生的交流提供了多样化的方式。QQ 空间具有较强的个性化展示功能，辅导员可以通过分享生活感悟、学习心得、工作体会等内容，展现真实的自我，拉近与学生的情感距离。这种情感化的交流方式能够增强学生对辅导员的认同感和信任感，使思想政治教育更具亲和力。QQ 群课堂则充分利用网络技术，为线上教学和辅导提供了便捷的解决方案。在特殊情况下，如疫情期间或因其他原因无法进行线下教学时，QQ 群课堂能够实现实时直播授课、互动答疑、作业布置与批改等功能，确保教学活动的正常开展，满足学生的学习需求。

在应用这些社交平台时，辅导员需深入研究不同平台的用户群体特征、传播规律和互动模式，制定针对性的应用策略。同时，要注重与学生的互动方式和沟通技巧。在语言表达上，应避免生硬地说教，采用贴近学生生活、生动活泼的语言风格，增强信息的吸引力和感染力。在面对学生的反馈和意见时，要保持开放的心态，认真倾听，积极回应，及时解决学生的问题和困惑。此外，还需关注网络舆情，及时发现和处理可能出现的负面信息，营造积极健康的网络交流氛围，引导学生树立正确的网络行为规范和价值观。

2. 网络教育资源的整合与利用

辅导员工作室作为学生教育管理的重要阵地，积极整合多种网络教育资源，对于提升学生学习的互动性和参与感，促进学生的全面发展具有重要意义。

在线课程平台汇聚了来自全球范围内的优质课程资源，涵盖了从人文社科到自然科学、从基础学科到前沿专业的各个领域。这些课程由顶尖高校和专业机构的优秀教师授课，内容丰富、形式多样，包括视频讲座、在线测试、课后作业等环节。辅导员工作室应组织专业教师和管理人员，根据学生的专业培养目标、兴趣爱好和学习需求，对海量的在线课程进行筛选和评估。推荐具有权威性、系统性和实用性的课程给学生，引导学生制定个性化的学习计划。在组织学生进行线上学习过程中，辅导员要积极引导学生开展交流讨论。可以通过建立学习小组、开设线上论坛等方式，鼓励学生分享学习心得、交流学习体会，共同解决学习过程中遇到的问题。这种互动式学习模式能够激发学生的学习兴趣，培养学生的自主学习能力和团队协作精神。

专题讨论平台围绕特定的主题，为学生提供了一个思想碰撞和知识共享的空间。在思政教育方面，针对时事热点、社会焦点问题设置专题讨论，引导学生运用马克思主义的立场、观点和方法进行分析和思考，培养学生的政治敏锐性和政治鉴别力。在专业学术领域，围绕学科前沿问题、专业实践案例等开展讨论，鼓励学生发表自己的观点和见解，拓宽学生的学术视野，提高学生的专业素养。

工作室要安排专业教师担任讨论主持人，引导讨论方向，确保讨论的深度和质量。主持人要及时对学生的发言进行点评和总结，提炼有价值的观点，纠正错误的认识，促进学生之间的思想交流和知识互补。此外，还可以邀请专家学者参与专题讨论，为学生提供与行业权威人士交流的机会，增强学生对专业领域的了解和认识。

虚拟学习平台借助虚拟现实（VR）、增强现实（AR）等先进技术，为学生创造沉浸式的学习环境，打破了传统学习方式的时空限制，为学生提供了更加真实、生动的学习体验。在虚拟学习平台中，学生可以身临其境地参与历史事件、进行科学实验、开展文化体验等活动，极大地提高了学生的学习兴趣和学习效果。

工作室在整合这些网络教育资源时，要注重资源的系统性和针对性。首先，要对各类资源进行分类整理，建立资源目录和索引，方便学生查找和使用。其次，要根据学生的专业特点和学习需求，制定个性化的资源推荐方案，确保学生能够获取到与自己的学习目标相匹配的优质资源。同时，要加强对学生学习过程的引导和监督。

第四章　新媒体工具与平台在辅导员工作室中的应用

第一节　新媒体工具的类型与选择

一、常见的新媒体工具类型

随着信息技术的迅速发展，新媒体工具已经成为辅导员工作室的重要组成部分，帮助辅导员提高工作效率，丰富教育方法与学生互动形式。新媒体工具种类繁多，主要包括社交平台、教育平台、即时通信工具、视频会议与直播工具等。

（一）社交平台、教育平台与即时通信工具

1. 社交平台

在数字化时代，社交平台已深度融入人们的日常生活，对教育领域也产生了深远影响。微信、微博、QQ 等社交平台凭借其广泛的用户基础和强大的功能特性，成为辅导员与学生之间日常沟通不可或缺的主要途径，在高校教育管理工作中发挥着重要作用。这些社交平台具备信息快速分享的强大功能，打破了时间和空间的限制，使得信息能够在瞬间传递给众多用户。这一特性为辅导员与学生之间的互动创造了极为有利的条件，极大地提高了沟通效率。

辅导员工作室充分利用这些社交平台的优势，开展多样化的教育管理工作。发布通知是其基础且重要的功能之一。辅导员可以通过平台将学校的各项规章制度、活动安排、考试信息等及时传达给学生，确保学生能够第一时间获取准确信息，保障学校各项工作的顺利开展。例如，在学期初通过平台发布本学期的教学计划和重要考试时间节点，让学生提前做好学习规划。分享学习资源也是社交平台在教育工作中的重要应用。辅导员可以根据学生的专业特点和学习需求，筛选各类优质的学习资料，包括学术论文、专业书籍推荐、在线课程链接等分享到平台上。这些资源能够拓宽学生的知识面，激发学生的学习兴趣，培养学生的自主学习能力。比如，对于理工科专业的学生，辅导员可以分享相关领域的前沿研究成果和科研项目信息，鼓励学生积极参与科研活动。

组织活动或讨论是社交平台促进学生全面发展的重要方式。辅导员可以借助平台发起各种线上线下活动，如主题班会、志愿服务活动、学术竞赛等，并通过平台进行活动宣传、报名统计和过程管理。同时，围绕一些热点话题、专业知识或思政教育内容组织讨论，引导学生积极发表自己的观点和见解，促进学生之间的思想碰撞和交流。例如，针对社会上的重大事件组织思政主题讨论，培养学生正确的价值观和社会责任感。

及时反馈学生的疑问和需求是社交平台体现人文关怀的关键环节。学生在学习和生活中遇到问题时，可以随时在平台上向辅导员提问，辅导员能够迅速给予回应和解答。微信群和 QQ 群在这方面具有独特的优势，能够实时进行学术讨论、情感支持、政策解读等。在学术讨论方面，学生可以就专业课程中的难点问题展开交流，辅导员和其他同学共同参与讨论，提供不同的思路和解决方案，加深学生对知识的理解。在情感支持方面，当学生面临学习压力、人际关系困扰或生活挫折时，辅导员可以通过群聊或私聊的方式给予关心和鼓励，帮助学生缓解负面情绪，树立积极的心态。在政策解读方面，对于学校新出台的政策和规定，辅导员可以在群里进行详细解读，确保学生准确理解政策内容，避免因误解而产生麻烦。从传播学和教育学的理论角度来看，社交平台的应用符合现代教育传播的互动性、及时性和个性化要求。它改变了传统教育中信息单向传递的模式，构建了师生之间双向甚至多向的信息交流网络，促进了教育效果的提升。

2. 教育平台

教育平台作为数字化教育的重要支撑，如慕课（MOOC）、学堂在线等专门为教育设计的工具，正逐渐成为高校教育教学改革的重要力量。这些平台以其丰富的资源、先进的技术和专业的服务，为学生提供了全新的学习体验，也为辅导员工作室开展教育工作提供了有力的支持。这些教育平台的核心优势在于能够提供结构化的学习内容。它们汇聚了来自全球顶尖高校和教育机构的优质课程资源，涵盖了各个学科领域和专业方向。课程内容经过精心设计和组织，从基础理论到前沿应用，形成了系统完整的知识体系。例如，在计算机科学专业领域，平台上的课程可能包括编程语言基础、数据结构、算法设计、人工智能等系列课程，学生可以根据自己的学习进度和兴趣进行系统学习。同时，教育平台提供专业的教学服务。这包括专业教师的授课视频、在线答疑、作业批改、考试测评等环节。专业教师凭借其深厚的学术造诣和丰富的教学经验，将复杂的知识以清晰易懂的方式传授给学生。在线答疑功能让学生在学习过程中遇到问题时能够及时得到解答，确保学习的连贯性。作业批改和考试测评则能够及时反馈学生的学习效果，帮助学生发现自己的不足之处，以便有针对性地进行改进。

辅导员工作室可以充分利用这些教育平台的功能，组织课程学习。根据学生的专业培养方案和教学计划，辅导员可以在平台上选择合适的课程推荐给学生，并组织学生进行统一学习。例如，对于大学英语课程，辅导员可以选择平台上优质的英语听说读写课程，要求学生按照规定的时间和进度完成学习任务，提高学生的英语综合能力。

发布学习资料也是辅导员工作室在教育平台上的重要工作。除了平台本身提供的课程内容外，辅导员可以根据教学需要，上传额外的学习资料，如补充阅读材料、案例分析、学习指南等。这些资料能够帮助学生更好地理解课程内容，拓宽学习视野。例如，在管理学课程中，辅导员可以上传一些知名企业的管理案例，让学生通过分析实际案例，加深对管理理论的理解和应用。通过在线测评和讨论，促进学生的学习效果是教育平台的重要应用。平台上的在线测评功能可以对学生的学习成果进行及时评估，包括单元测试、期中期末考试等。辅导员可以根据测评结果了解学生的学习情况，发现学生在学习过程中存在的问题，及时调整教学策略。同时，讨论区为学生提供了一个交流学习心得、分享学习经验的平台。学生可以在讨论区提出自己的疑问，与其他同学和老师进行互动交流，促进知识的共享和深化。

从教育技术学的角度来看，教育平台的应用符合现代教育理念中以学生为中心、个性化学习和协作学习的要求。它打破了传统课堂教学的时空限制，让学生能够根据自己的节奏和需求进行学习，实现了个性化学习。

3. 即时通信工具

即时通信工具在辅导员与学生的沟通交流中扮演着至关重要的角色，其中微信作为一款广泛使用的即时通信工具，以其便捷性和多功能性，极大地促进了辅导员与学生之间的即时、个性化互动。

即时通信工具的最大优势在于能够实现信息的即时传递，这使得辅导员能够快速了解学生的需求。学生在学习、生活中遇到各种问题时，无论是白天还是夜晚，都可以通过即时通信工具迅速向辅导员发送消息。辅导员在收到消息后，能够及时给予回应，这种及时性能够让学生感受到辅导员的关心和支持，增强学生对辅导员的信任。例如，学生在准备毕业论文时遇到了数据处理的难题，通过即时通信工具向辅导员求助，辅导员可以立即提供相关的指导和建议，帮助学生解决问题，避免因问题积压而影响论文进度。

提供个别指导是即时通信工具在教育工作中的重要应用。每个学生都有自己独特的学习情况和个性特点，辅导员可以利用即时通信工具与学生进行一对一的沟通交流，针对学生的具体问题提供个性化的指导。比如，对于学习成绩不理想的学生，辅导员可以通过即时通信工具详细了解学生的学习困难所在，制定专门的学习计划，提供针对性的学习方法指导，帮助学生提高学习成绩。

及时解决学生在学业、生活中的问题是即时通信工具的核心价值体现。在学业方面，除了提供学习指导外，辅导员还可以通过即时通信工具帮助学生解决课程选择、专业发展规划等问题。在生活方面，当学生遇到人际关系困扰、心理健康问题或生活琐事时，辅导员可以及时给予关心和帮助。例如，当学生与室友发生矛盾时，辅导员可以通过即时通信工具倾听学生的心声，了解事情的缘由，给予合理的建议和调解，帮助学生维护良好的人际关系。

许多即时通信工具如微信，还支持丰富多样的功能，进一步提高了沟通的多样性和效率。文件传输功能使得辅导员可以方便地向学生发送学习资料、活动文件等，学生也可以向辅导员提交作业、报告等文件。语音视频通话功能则打破了文字交流的局限，当问题较为复杂或需要更直接的沟通时，辅导员和学生可以通过语音或视频通话进行面对面的交流，使沟通更加生动、直观。图片与文件共享功能让双方能够更直观地分享信息，例如辅导员可以通过发送图片向学生展示活动现场的情况，学生也可以分享自己的作品或学习成果图片。

从人际沟通理论的角度来看，即时通信工具的应用符合现代人际沟通中及时性、互动性和个性化的要求。它改变了传统沟通方式的时间和空间限制，使得辅导员与学生之间的沟通更加顺畅和高效。同时，即时通信工具提供的多种沟通方式，能够满足不同情境下的沟通需求，增强了沟通的效果。

（二）视频会议与直播工具

1. 视频会议工具

视频会议工具作为现代远程沟通的重要手段，为辅导员与学生之间的交流搭建了一个跨越时空的桥梁。这类工具允许辅导员与学生进行实时视频会议，实现了如同面对面交流般的直观体验。

从功能层面来看，它的优势极为显著，面对面的在线交流功能让沟通更加自然和高效。通过高清视频画面，辅导员和学生能够清晰地看到彼此的表情、肢体语言等非言语信息，这些信息在沟通中起着重要的辅助作用，有助于更好地理解对方的意图和情感，增强沟通的效果。例如，在进行心理健康辅导时，辅导员可以通过观察学生的表情和神态，更准确地判断学生的情绪状态，及时给予恰当的回应和支持。

屏幕共享功能为教学和讨论提供了极大的便利。辅导员在进行远程授课时，可以将自己的电脑屏幕内容展示给学生，如讲解课件、演示操作流程、分析案例等。学生能够同步看到辅导员的操作过程，使得教学过程更加直观、清晰。比如在计算机课程的辅导中，辅导员可以通过屏幕共享，现场演示编程代码的编写和调试过程，学生能够实时学习到正确的操作方法和技巧，提高学习效果。

文档展示功能则进一步丰富了交流的内容。辅导员可以直接在视频会议中展示各种文档资料，如学术论文、学习资料、活动策划等，与学生进行深入的讨论和分析。这有助于学生更好地理解相关内容，同时也方便大家共同对文档进行修改和完善，提高工作和学习效率。

虚拟背景功能为会议增添了个性化和专业性。辅导员可以根据不同的会议主题和场景，选择合适的虚拟背景，营造出正式、轻松或特定风格的氛围。例如，在进行学术讲座时，选择带有学校校徽或学术元素的背景，能够增强讲座的专业性和权威性；而在举办轻松的座谈会时，选择温馨、活泼的背景，有助于营造融洽的交流氛围。

实时字幕功能则体现了对不同需求群体的关怀。对于听力有障碍的学生或者在嘈杂环境中参与会议的人员，实时字幕能够确保他们准确获取会议中的信息，保证沟通的顺畅进行。基于这些丰富的功能，辅导员能够充分利用视频会议开展多种工作。在远程授课方面，辅导员可以按照教学计划，系统地讲解课程知识，与学生进行实时互动，解答学生的疑问，实现与传统课堂相似的教学效果。在辅导学生时，针对学生在学习、生活中遇到的问题，通过视频会议进行一对一或一对多的辅导，给予个性化的建议和指导。召开学生座谈会时，能够营造一个开放、平等的交流环境，让学生们充分发表自己的意见和想法，了解学生的需求和心声，为更好地开展教育管理工作提供依据。

从教育传播学和教育心理学的理论角度分析，视频会议工具的应用打破了时间和空间的限制，符合现代教育传播中灵活性和即时性的要求。它为师生之间提供了一个便捷、高效的互动方式，有助于构建积极的师生关系，促进学生的学习和成长。通过实时的视频交流，能够增强学生的参与感和注意力，提高学习的积极性和主动性。

2. 直播工具

直播工具在当今教育领域发挥着重要作用，像 bilibili、腾讯会议、斗鱼等众多平台，以其独特的技术优势和广泛的用户基础，为教育教学活动提供了创新的途径和方式。这些直播工具可以通过实时直播的形式，开展多样化的教育活动。在课程讲解方面，辅导员能够如同在传统课堂一样，系统地传授知识。通过直播平台的高清视频和流畅音频，将教学内容清晰地呈现给学生。与传统课堂不同的是，直播课程不受时间和空间的限制，学生可以在任何有网络连接的地方参与学习，极大地提高了学习的灵活性和便利性。

专题讨论也是直播工具的重要应用场景。辅导员可以设定特定的主题，如社会热点话题、专业领域的前沿问题等，组织学生进行深入的讨论。在直播过程中，学生可以自由发表自己的观点和见解，与其他同学和辅导员进行互动交流。这种互动式的学习方式能够激发学生的思维活力，拓宽学生的视野，培养学生的批判性思维和团队协作能力。例如，在思政教育课程中，针对当前社会上的重大事件进行专题讨论，引导学生从不同角度分析问题，树立正确的价值观和世界观。

学术报告是直播工具在学术领域的重要应用。辅导员工作室可以邀请校内外的专家学者进行学术报告直播，向学生传播最新的学术研究成果和前沿动态。这不仅能够丰富学生的学术知识，还能激发学生的学术兴趣和科研热情。例如，邀请某学科领域的知名专家分享其最新的研究项目和成果，让学生了解该领域的发展趋势，为学生的学习和未来的研究方向提供参考。

辅导员工作室通过这些直播平台开展教育活动，具有诸多优势。首先，能够向学生广泛传播课程内容，突破了传统课堂人数和场地的限制，使得更多的学生能够受益于优质的教育资源。其次，增加课堂互动性是直播平台的一大亮点。直播平台提供了丰富的互动功能，如弹幕、评论、投票等。学生可以通过弹幕实时发表自己的想法和疑问，与其他同学进行互动交流；辅导员可以通过查看评论，及时了解学生的学习状态和困惑，给予针对性的解答；投票功能则可以用于课堂小调查，了解学生对某个知识点或问题的看法，以便调整教学策略。通过这些互动功能，辅导员能够实时了解学生的学习状态并提供即时反馈。这符合建构主义学习理论，强调学习者的主动参与和互动，学生在与教师和同伴的互动过程中，能够更好地建构知识体系，提高学习效果。最后，直播平台还可以为学生提供对他们有益的学术资源与建议。辅导员可以在直播过程中分享相关的学术文献、研究网站、学术会议信息等，引导学生关注学术前沿，培养学生的学术素养和自主学习能力。

从教育技术学的角度来看，直播工具的应用为教育教学带来了新的模式和机遇。它打破了传统教育的时空限制，实现了教育资源的共享和优化配置。通过直播平台的互动功能，能够促进学生的积极参与和主动学习，提高教育教学质量。此外，直播工具的数据分析功能还可以为辅导员提供学生学习行为和反馈的详细数据，有助于辅导员进一步优化教学内容和方法，实现个性化教育。

二、工具选择的标准与依据

选择合适的新媒体工具是辅导员工作室有效运作的关键。工具的选择不仅要根据工具的功能，还应考虑其易用性、互动性、安全性等方面，以确保工作室能够高效地进行各项任务。

（一）功能性、易用性与互动性

1. 功能性

新媒体工具的功能性是其能否满足辅导员工作室复杂多样工作需求的核心要素。从本质上讲，辅导员工作室承担着信息传递、任务管理、资料共享以及收集学生反馈等一系列基本职责，这些职责构成了选择新媒体工具功能性的重要考量标准。

信息传递方面，要求新媒体工具能够实现多渠道、精准且及时的信息推送。这不仅包括向全体学生发送通知、公告等一般性信息，还需满足针对特定群体或个人的个性化信息传递需求。例如，在重要考试来临前，辅导员可以通过工具向学生发送考试时间、地点、注意事项等详细信息；对于个别学生在学习或生活上的特殊情况，也能进行单独沟通。

任务管理功能同样不可或缺。辅导员工作室日常会涉及众多任务安排，如组织活动、安排学生工作等。一款具备强大任务管理功能的新媒体工具，应能清晰地创建任务、设定任务优先级、分配任务负责人，并跟踪任务进度。通过可视化的任务管理界面，辅导员可以实时了解各项任务的执行情况，及时发现潜在问题并进行调整，确保工作的有序推进。

资料共享功能为学生和辅导员之间的知识交流提供了有力支持。工作室需要能够便捷地存储和分享各类学习资料、教学课件、学术文献等资源。这要求新媒体工具具备大容量的存储空间，支持多种文件格式的上传和下载，并且能够设置不同的权限管理，以保障资料的安全性和隐私性。例如，一些专业课程的学习资料可能只对选修该课程的学生开放，通过权限设置可以确保资料的合理使用。

学生反馈功能则是了解学生需求和意见的重要途径。新媒体工具应提供多样化的反馈渠道，如在线表单、评论区等，方便学生随时表达自己的想法、建议和问题。辅导员可以及时收集这些反馈信息，进行分析和处理，从而不断优化教育管理工作。

在选择新媒体工具时，其功能的丰富性和全面性是关键。教育管理工作的多样性决定了工具需要支持多种教育场景下的操作。视频会议功能使远程教学、线上研讨成为可能，打破了时间和空间的限制，让师生能够实时进行面对面的交流。实时通讯功能则为即时沟通提供了便利，无论是解答学生的疑问，还是协调工作安排，都能迅速实现。课件展示功能能够在教学过程中清晰地呈现教学内容，配合学习资源分享功能，丰富了学生的学习素材，拓宽了学习渠道。以常见的教育平台为例，其功能性体现在多个方面。课程发布功能允许辅导员将教学大纲、教学计划以及具体的课程内容上传至平台，学生可以根据自己的学习进度随时查看。作业管理功能不仅能够布置作业、设定提交期限，还能对学生的作业进行批改和评分，方便快捷。在线考试功能则提供了一种高效的考核方式，能够自动生成试卷、进行评分，大大减轻了辅导员的工作负担。即时通信工具除了基本的文字、语音、视频通讯功能外，文件传输功能确保了重要资料能够及时、准确地送达对方。

从教育信息化理论角度来看，新媒体工具的功能性是推动教育管理现代化的重要支撑。它使得教育管理工作更加规范化、系统化和高效化，符合教育发展的趋势。通过丰富的功能应用，能够优化教育资源的配置，提高教育管理的质量和效率，为学生的成长和发展提供更好的支持。

2. 易用性

在新媒体工具的选择过程中，易用性是一个不容忽视的关键标准，它直接关系到辅导员工作室教育活动的开展效率和效果。

易用性的核心在于工具的操作界面是否简洁直观。一个设计良好的操作界面应该能够让初次接触的用户迅速理解各项功能的位置和使用方法，无须复杂的培训即可上手操作。对于辅导员和学生来说，他们的主要精力应集中在教育教学活动本身，而非花费大量时间去学习如何使用工具。

过于复杂的工具往往会设置较高的使用门槛。例如，一些功能繁多但布局混乱的工具，可能会让用户在寻找所需功能时花费大量时间和精力，导致操作效率低下。而且，复杂的操作流程可能会增加用户犯错的概率，影响工作和学习的顺利进行。这种情况下，辅导员可能会因为操作的烦琐而减少使用工具的频率，学生也可能因为难以掌握而对相关教育活动产生抵触情绪。

界面友好是易用性的重要体现。界面的设计应遵循人体工程学和认知心理学原理，采用清晰的图标、简洁的文字说明以及合理的色彩搭配。清晰的图标能够让用户快速识别功能，无须过多思考；简洁的文字说明能够准确传达功能信息，避免产生歧义；合理的色彩搭配则可以提高界面的可读性和美观度，使用户在操作过程中感到舒适和愉悦。

功能明确也是易用性的关键要素。每个功能按钮或菜单选项都应该具有明确的指向性，让用户一眼就能明白其作用。例如，在文件管理功能中，“上传”“下载”“删除”等按钮应清晰可见，位置合理，方便用户进行相应操作。操作简单意味着用户能够以最少的步骤完成任务。例如，发送一条信息可能只需点击几下按钮，填写必要内容即可完成，而不需要经过多个复杂的页面跳转和设置。

选择易用性强的新媒体工具对辅导员工作室具有重要意义。它可以大大提高工作室的工作效率。辅导员能够更快速地完成信息发布、任务安排等工作，将更多的时间和精力投入对学生的教育和指导中。对于学生来说，易于使用的工具能够让他们更加专注于学习内容，提高学习的积极性和参与度。同时，易用性强的工具也有助于减少因操作问题导致的技术故障和沟通障碍，保障教育活动的顺利开展，从而提升工作室整体的工作质量。

从人机交互理论的角度分析，易用性是实现良好人机交互的基础。一个易用的新媒体工具能够降低用户与技术之间的隔阂，使用户在操作过程中感受到自然、流畅的交互体验。这不仅有利于提高用户对工具的接受度和满意度，更能促进工具在教育领域的广泛应用，推动教育信息化的深入发展。

3. 互动性

新媒体工具的互动性在构建良好的师生关系以及提升教育教学效果方面发挥着至关重要的作用，它从根本上决定了学生与辅导员之间的交流质量。

互动性强的工具能够显著促进学生的参与感。在传统的教育模式中，学生往往处于相对被动地接受状态，而新媒体工具为学生提供了更多主动表达的机会。通过实时反馈功能，学生可以随时向辅导员反馈自己对教学内容的理解、学习过程中遇到的问题以及对教学方法的建议。这种及时的反馈能够让辅导员了解学生的学习状况，调整教学策略，满足学生的个性化需求。

讨论功能则为学生提供了一个开放的交流平台。在课堂讨论或课后交流中，学生可以围绕某个话题展开深入的讨论，分享自己的观点和见解。不同学生的思维碰撞能够激发创新意识，拓宽知识面，培养团队协作和沟通能力。例如，在关于某个专业课题的讨论中，学生们可以从不同角度分析问题，提出多样化的解决方案，这对于学生的专业成长具有积极的促进作用。

投票和问卷调查功能是互动性的重要体现。辅导员可以通过投票了解学生对某个决策或活动的意见倾向，如选择活动主题、确定教学内容重点等。问卷调查则可以更全面、深入地收集学生的信息，了解他们的学习需求、兴趣爱好、学习习惯等。这些数据能够为辅导员制定个性化的教育方案提供依据，提高教育教学的针对性和有效性。

选择具有丰富互动功能的新媒体工具，有助于提高学生参与课堂讨论的积极性。当学生知道自己的观点能够被及时听到和回应时，他们会更愿意主动参与讨论，分享自己的想法。这种积极地参与不仅能够提升学生的学习效果，还能营造良好的课堂氛围，增强班级的凝聚力。

从教育心理学的角度来看，互动性强的新媒体工具符合现代教育理念中以学生为中心的原则。通过互动，学生能够感受到自己在教育过程中的主体地位，增强自我认同感和责任感。同时，互动也为学生提供了一个社会学习的环境，他们可以从同伴和辅导员那里获取不同的观点和信息，促进认知的发展和深化。

对于辅导员而言，互动功能是了解学生疑问和学习情况的重要窗口。通过实时的互动交流，辅导员能够及时发现学生在学习过程中遇到的困难和问题，给予及时的指导和帮助。这有助于建立良好的师生关系，增强学生对辅导员的信任和依赖，为教育管理工作的顺利开展奠定坚实的基础。总之，互动性是新媒体工具在教育领域应用中不可或缺的特性，它能够有效促进教育教学的良性循环，推动教育质量的提升。

（二）安全性与隐私保护

在数字化时代，新媒体工具被广泛应用于教育领域，为辅导员工作室的工作开展带来诸多便利。然而，在享受其带来的高效与便捷的同时，安全性与隐私保护问题成为不容忽视的关键要点。这不仅涉及学生和辅导员的隐私安全和利益的维护，更关乎教育工作的稳定与可持续发展。

在选择新媒体工具时，安全性和隐私保护必须被置于优先考虑的位置。辅导员与学生之间的沟通交流涵盖了丰富多样且极为敏感的数据信息。其中，个人信息部分包含学生的姓名、性别、出生日期、家庭住址、联系方式等基础内容，这些信息是个人身份的重要标识，一旦泄露，可能会导致学生遭受骚扰、诈骗等不良后果。学业成绩作为反映学生学习成果的关键数据，不仅关乎学生的学业评价，还可能影响其未来的升学、就业等重要发展路径。心理状况信息则更为敏感，它涉及学生的心理健康状态、情绪问题、心理疾病史等，这类信息的泄露可能会对学生的心理造成二次伤害，严重影响其身心健康。

若新媒体工具缺乏必要且完善的安全措施，那么数据泄露或遭遇网络攻击的风险将大幅增加。从技术层面来看，网络攻击手段层出不穷，如黑客的恶意入侵、病毒的传播、钓鱼攻击等。黑客可能通过漏洞扫描、暴力破解等方式获取系统权限，进而窃取存储在工具服务器中的敏感数据。病毒则可能通过附着在文件或程序中，在用户不知情的情况下传播并破坏数据。钓鱼攻击往往伪装成正规的网站或应用程序，诱使用户输入个人信息，从而达到窃取数据的目的。一旦这些安全事件发生，学生和辅导员的隐私安全将受到严重威胁。对于学生而言，个人信息的泄露可能导致他们在生活中面临各种骚扰，学业成绩和心理状况的曝光可能会对其自尊心和自信心造成打击，影响学习积极性和心理健康。对于辅导员来说，他们也可能因数据泄露事件而面临法律责任和职业声誉的损害。

选择的新媒体工具必须严格符合相关的隐私保护法律法规，这是保障学生和辅导员权益的法律基石。以我国的《中华人民共和国个人信息保护法》为例，它明确规定了个人信息处理者的权利和义务，强调了对个人信息的保护原则，包括合法、正当、必要和诚信原则，要求在收集、存储、使用、加工、传输、提供、公开、删除等各个环节都要确保个人信息的安全。《中华人民共和国数据安全法》则从宏观层面为数据安全提供了法律保障，规范数据的处理活动，保障数据的安全性，促进数据的开发利用。新媒体工具的开发者和运营者必须遵守这些法律法规，确保学生的个人信息不被滥用或泄露。

同时，工具需要具备一系列先进且可靠的技术手段来保障安全。加密传输技术是保障数据在网络传输过程中安全的关键。通过加密算法，将数据转换为密文形式进行传输，即使数据在传输过程中被截取，攻击者也无法获取其中的真实内容。例如，常见的 SSL/TLS 加密协议广泛应用于网络通信中，它能够在客户端和服务器之间建立安全的加密通道，确保数据传输的保密性和完整性。防火墙保护则是抵御外部网络攻击的重要防线。防火墙可以根据预设的规则，对进出网络的流量进行监控和过滤，阻止未经授权的访问，防止外部攻击者入侵系统。此外，身份认证技术也是保障安全的重要环节，通过多因素认证方式，如密码、短信验证码、指纹识别等，确保只有授权用户能够访问系统，进一步增强系统的安全性。

辅导员工作室在使用这些工具时，还应建立完善的数据备份机制。定期对数据进行备份是确保数据长期安全存储和可用性的重要措施。数据备份可以采用多种方式，如本地备份、异地备份和云备份等。本地备份可以将数据存储在工作室内部的存储设备中，如硬盘阵列或磁带库，以便在本地服务器出现故障时能够快速恢复数据。异地备份则是将数据存储在远离工作室的地理位置，以防止因自然灾害、火灾等不可抗力因素导致数据丢失。云备份则借助云计算平台的强大存储能力，提供便捷、高效的数据备份服务。通过定期备份数据，即使在遭遇数据丢失、损坏或被篡改的情况下，也能够及时恢复数据，确保教育教学工作的正常进行。从信息安全管理的角度来看，安全性与隐私保护不仅仅依赖于技术手段，还需要建立完善的管理制度和流程。辅导员工作室应制定严格的数据访问权限管理制度，明确不同人员对数据的访问级别和操作权限，防止内部人员的误操作或恶意操作导致数据泄露。同时，加强对工作人员的安全意识培训，提高他们对数据安全和隐私保护的认识，规范操作行为。

第二节　新媒体平台的教育功能与互动性

一、新媒体平台的教育功能

新媒体平台的教育功能为辅导员工作室提供了便捷的教育工具，能够实现信息的快速传播、知识的共享、学习资源的获取等多重功能。通过这些平台，辅导员能够提供高效、便捷的学习支持和辅导服务，推动学生的学习进步和思想发展。新媒体平台不仅拓展了学生获取知识的途径，还使得辅导员能够实时掌握学生的学习动态，提升教育效果。

（一）信息传播与知识共享

1. 重要通知与活动安排的传播

在高校教育管理体系中，重要通知与活动安排的有效传播是确保学校各项工作顺利开展、学生全面参与校园生活的关键环节。辅导员工作室承担着信息中转与传递的核心职责，而新媒体平台的出现为这一工作带来了革命性的变化。

辅导员工作室通过新媒体平台发布重要的学校通知、活动安排、考试信息等，这一举措对于保证信息传播的广泛性与及时性具有深远意义。在传统的信息传播模式下，纸质通知往往需要经过层层传递，从学校到学院，再到班级，最后才抵达学生手中。这一过程不仅耗费大量的人力、物力和时间，而且容易出现信息遗漏、延误或传达不准确的情况。例如，在一些大型学校中，由于校区分散、班级众多，纸质通知可能无法及时送达每一位学生手中，导致部分学生错过重要的活动或考试安排。然而，新媒体平台凭借其独特的即时性和广泛覆盖性，彻底改变了这一局面。由于平台具有即时性，辅导员可以实时将课程变动、学术会议等通知迅速传达给学生。以微信、QQ 等社交平台为例，它们拥有庞大的用户基础，几乎涵盖了全体学生群体。辅导员只需轻点几下手机或鼠标，就能将信息瞬间发送到每一位学生的终端设备上。这种即时性极大地提高了信息传播的效率，避免了传统纸质通知方式的滞后性。

在实际操作中，辅导员可以通过微信群、QQ 群等发布课堂调整通知、学术讲座信息等。这些平台支持多种消息形式，包括文字、图片、语音和视频等，辅导员可以根据信息的特点选择最合适的传达方式。例如，对于简单的课堂调整通知，文字形式即可清晰传达关键信息；而对于学术讲座信息，除了文字介绍讲座主题、时间、地点和主讲人等基本信息外，还可以附上讲座海报图片，使学生更直观地了解讲座内容。同时，这些平台还具备消息提醒功能，确保每个学生都能及时收到相关信息。即使学生当时未能及时查看手机，也会在后续打开应用时收到未读消息提示，从而最大限度地保证了信息传达的全面性。

新媒体平台还提供了信息留存和查询功能。学生在接收到通知后，如果需要再次查看相关内容，可以随时在聊天记录中找到，方便回顾和确认。这一功能避免了纸质通知易丢失、难保存的问题，为学生提供了极大的便利。从学校管理的角度来看，新媒体平台的应用也有助于提高管理效率，减少因信息传达不畅而引发的问题，促进学校各项工作的有序进行。

2. 教学资源与学术资料的共享

在知识经济时代，丰富的学习资源对于学生的成长和发展至关重要，而新媒体平台的出现打破了传统学习资源获取的时间和空间限制，为学生创造了更加广阔的学习环境。

辅导员可以通过平台上传课件、教学视频、电子书籍、学术论文等多种类型的学习材料，供学生随时查阅。这些学习材料的多样性能够满足不同学生的学习需求和学习风格。课件作为教师课堂教学内容的重要载体，经过精心设计和整理，能够帮助学生系统地梳理知识点，加深对课程内容的理解。教学视频则以生动形象的方式呈现知识，通过动画演示、案例分析等手段，使抽象的知识变得更加直观易懂，尤其适合那些对视觉信息接受度较高的学生。

平台不仅能够支持教师上传课本内容，还可以分享额外的学习资料，如相关学科的学术论文、经典书籍和参考资料等，为学生提供更多的学习资源。在当今学术研究不断发展的背景下，课本知识往往具有一定的局限性，学生需要接触更多前沿的学术成果和经典的学术著作，才能更好地理解学科的发展脉络和研究方向。辅导员通过新媒体平台分享这些额外的学习资料，能够引导学生进行自主学习和深入探究。例如，在某些专业课程的学习中，辅导员可以上传该领域最新的学术论文，让学生了解学科的研究热点和前沿动态；分享经典的专业书籍，帮助学生建立扎实的理论基础。通过平台的学习资源共享，学生能够自主选择学习材料，按需进行知识的补充与深化。这种自主学习模式符合现代教育理念，强调学生的主体地位，能够激发学生的学习兴趣和主动性。学生可以根据自己的学习进度、兴趣爱好和学习目标，有针对性地选择适合自己的学习资料，不再受限于传统课堂教学的统一进度和内容。

辅导员还可以在平台上定期发布关于学术论文写作、考试技巧、行业前沿动态等内容的相关文章，帮助学生拓宽视野，提升学术能力。学术论文写作是大学生必备的技能之一，通过分享论文写作的方法和技巧，能够引导学生掌握科学的研究方法和规范的写作格式，提高学生的科研素养。考试技巧的分享则有助于学生更好地应对各类考试，提高考试成绩。行业前沿动态的发布能够让学生了解所学专业在实际应用中的最新情况，增强学生对专业的认同感和学习动力。同时，辅导员也可以通过平台分享教育理念和学习经验，为学生提供个性化的学习指导。每个学生都有自己独特的学习方式和发展需求，辅导员凭借丰富的教育经验和对学生的深入了解，能够针对不同学生的情况提供个性化的建议和指导。这种个性化的教育服务有助于挖掘学生的潜力，促进学生的全面发展。

（二）学习资源的共享与获取

1. 跨学科资源的整合

新媒体平台以其强大的互联能力，构建起了一座连接各类教育资源的桥梁，使学生能够突破传统学习资源获取的局限。它能够无缝连接到外部教育资源库、专业网站、大型开放式网络课程（MOOC）等丰富多样的学习资源平台。这些外部资源库犹如知识的宝库，涵盖了从基础学科到前沿领域的广泛内容，为学生提供了广阔的知识视野。

辅导员工作室在这一过程中发挥着关键的整合作用。工作室可以将众多优质且相关的课程、精彩纷呈的讲座、前沿的科研报告等内容有机整合进新媒体平台。通过这种系统性的整合，学生所获取的学习资源不再局限于单一学科的范畴，而是能够接触到跨学科的丰富教育资源。这对于培养学生全面的知识体系具有深远意义。以大学图书馆资源为例，其馆藏丰富，包含各类专业书籍、学术期刊、研究报告等，是学生获取专业知识的重要源泉。辅导员工作室将图书馆资源整合到新媒体平台后，学生无须亲自前往图书馆查阅资料，只需在平台上即可便捷地检索和获取所需信息。开放课程平台则汇聚了国内外顶尖高校和优秀教师的优质课程，这些课程涵盖了各个学科领域，教学内容丰富多样，教学方法灵活新颖。将开放课程平台的学习资料集成到新媒体平台，学生可以接触到不同风格的教学内容，拓宽学习思路。

同时，国内外的优质教育内容更是为学生带来了国际化的视野和前沿的学术理念。例如，一些国际知名的学术网站提供了最新的科研成果、学术会议信息等，辅导员工作室将这些内容整合到平台上，使学生能够及时了解学科领域的国际动态，激发学生的学习兴趣和创新思维。这种跨学科资源的共享和获取模式，极大地激发了学生的自主学习能力。学生不再依赖于教师单一的教学内容，而是能够根据自身兴趣和需求，主动探索不同学科领域的知识。在探索过程中，学生逐渐学会如何筛选、整合和运用各种学习资源，提高自主学习的效率和质量。同时，跨学科资源的接触也极大地促进了学生跨学科学习的积极性。

2. 个性化学习资源推荐

新媒体平台凭借先进的信息技术手段，具备了强大的个性化学习资源推荐功能。这一功能为学生的学习提供了精准、高效的支持，同时也为辅导员工作室的教育教学工作带来了新的契机。

辅导员工作室可以充分利用平台的智能推荐系统，通过收集和分析学生的多维度信息，如学习进度、兴趣爱好、学术背景等，为学生推送高度契合其需求的学习资源。学习进度反映了学生在不同学科领域的学习阶段和掌握程度，例如，学生在某一课程的章节测试中成绩优异，表明其对该部分知识掌握较好，智能推荐系统可以据此为其推荐更具挑战性的拓展内容；若成绩不理想，则推荐针对性的辅导资料和练习题目，帮助学生巩固薄弱环节。

兴趣爱好是影响学生学习动力和方向的重要因素。通过分析学生在平台上的浏览记录、参与的讨论话题等，智能推荐系统可以精准识别学生的兴趣点。对于对计算机编程感兴趣的学生，系统可以推荐相关的编程语言教程、开源项目实践资料以及编程竞赛信息等；对于热爱文学的学生，则推送经典文学作品赏析、写作技巧培训课程等学习资源，使学生能够在自己感兴趣的领域深入学习。

学术背景也是个性化推荐的重要依据。不同专业、不同学习层次的学生对学习资源的需求存在差异。例如，对于低年级的本科生，智能推荐系统可能侧重于基础知识的巩固和学习方法的引导，推荐基础课程的讲解视频、学习技巧类文章等；而对于高年级的本科生或研究生，则根据其专业方向和研究课题，推荐前沿的学术论文、专业研讨会资料等，助力学生在学术道路上不断前进。在信息爆炸的时代，海量的学习资源让学生在筛选过程中往往感到困惑和疲惫，这种个性化推荐机制的优势得以显现，它能够帮助学生从繁杂的信息中迅速找到最相关、最有效的内容，节省学习时间，提高学习效率。同时，对于辅导员而言，这一功能也有助于更好地了解学生的学习状况和需求，从而为学生定制个性化的学习计划。例如，平台可以根据学生在在线测试中的表现、提交的作业质量等数据，深入分析学生在各个知识点上的掌握情况和学习能力。如果发现学生在数学分析课程中的极限部分存在理解困难，平台会自动为其推荐关于极限概念讲解、典型例题分析以及相关练习题的学习资源。辅导员工作室可以借助这些数据和推荐结果，与学生进行更有针对性的沟通和指导，为学生制定详细的学习提升计划，包括学习目标、学习内容和学习时间安排等。

二、互动性与教学效果

互动性强的平台能够增加学生的参与度，提升辅导员与学生之间的沟通质量，从而推动教学活动的深入开展。通过增强互动性，辅导员不仅能够更加深入了解学生的学习需求，还能通过实时反馈和互动，提升学生的学习效果。

（一）增强学生与辅导员的互动

1. 即时通信与在线答疑

即时通信功能作为新媒体平台的核心优势之一，为辅导员与学生之间搭建了一座实时沟通的桥梁，打破了传统沟通方式在时间和空间上的限制。借助这一功能，学生无论是在学术领域遭遇难题，还是在生活中面临困惑，都能够迅速与辅导员取得联系，寻求专业的建议与帮助。

从学术层面来看，学生在学习过程中难免会遇到各种理解上的障碍和问题。例如，在复杂的专业课程学习中，对于某些抽象的理论概念、晦涩的公式推导或者难以捉摸的实验原理，学生可能需要及时地解释和指导。即时通信功能使得学生能够在第一时间向辅导员请教，而辅导员也可以结合专任教师的意见迅速给予回应，通过文字、语音或者图片等多种形式，详细地为学生剖析问题，提供清晰明了的解答。这种实时的学术交流有助于学生及时消除疑惑，避免问题积累，从而更有效地掌握知识，提高学习效果。

在生活方面，大学生正处于人生成长和发展的关键时期，可能会面临诸如人际关系处理、心理压力应对、职业规划迷茫等多方面的困惑。即时通信工具为他们提供了一个便捷的倾诉渠道，能够让学生在遇到问题时及时与辅导员沟通。辅导员凭借丰富的人生经验和专业的心理知识，可以给予学生针对性的建议和心理疏导，帮助他们树立正确的价值观和人生观，积极面对生活中的挑战。

辅导员在利用即时通信功能时，具有高度的灵活性。既可以在预先设定的特定时间段内，集中精力解答学生的各类疑问，确保学生的问题能够得到及时处理；也可以根据学生的具体情况，通过一对一的个别聊天方式，深入了解学生的问题根源，提供个性化的解决方案。此外，群聊功能也为集体辅导提供了便利。在群聊环境中，辅导员可以针对一些共性问题进行统一讲解和指导，同时鼓励学生之间相互交流和讨论，营造积极的学习氛围，促进学生之间的思想碰撞和知识共享。

在线答疑系统则进一步深化了这种互动模式。辅导员可以根据自身的工作安排，合理设置在线答疑时间，为学生提供一个明确的提问窗口。在规定时间内，学生可以将自己在学习、生活等方面遇到的问题集中提交给辅导员。辅导员在收到问题后，能够以更加系统、全面的方式进行解答，不仅提供问题的答案，还可以深入剖析问题背后的原理和知识点，引导学生举一反三，培养他们独立思考和解决问题的能力。这种互动模式对于提高辅导员的工作效率具有显著作用。通过集中解答问题，辅导员可以避免重复劳动，将更多的时间和精力投入对学生问题的深入研究和个性化辅导中。同时，对于学生而言，这种随时可用的在线答疑环境极大地降低了他们寻求帮助的心理负担，让他们能够在一个轻松、自在的氛围中提出问题，获得及时、有效的指导，从而增强学习的自信心和积极性。

2. 讨论区与集体交流

讨论区和在线学习小组作为新媒体平台上的重要互动空间，为学生之间以及学生与辅导员之间的集体交流提供了广阔的平台，有力地促进了知识的共享与思维的碰撞。

在讨论区内，学生们可以围绕各种学习主题展开深入讨论。例如，在专业课程的学习过程中，针对某一具体的课题难点，不同学生可能会从各自的理解角度出发，提出独特的见解和解决方案。这种多元化的思考方式能够拓宽学生的视野，让他们从不同的视角去理解和分析问题，从而深化对知识的理解。在讨论过程中，学生们相互交流学习经验，分享自己在学习过程中总结的方法和技巧，这对于其他同学来说是一种宝贵的学习资源。通过借鉴他人的经验，学生可以找到更适合自己的学习方法，提高学习效率。

同时，讨论区也为学生提供了一个锻炼团队协作能力的机会。在集体讨论中，学生需要学会倾听群众的意见，尊重不同的观点，并且能够有效地表达自己的想法。通过共同探讨问题、解决问题，学生们逐渐形成团队意识，学会如何在团队中发挥自己的优势，与他人密切配合，共同完成学习任务。这种团队协作能力的培养对于学生未来的职业发展和社会生活具有重要意义。

辅导员在讨论区中扮演着至关重要的引导角色。辅导员可以密切关注学生的讨论动态，及时把握学生的思维方向和困惑点。当讨论出现偏离主题或者陷入僵局时，辅导员能够适时介入，引导讨论回归正轨，推动讨论向更深层次发展。辅导员还可以通过发表意见、分享专业知识和实践经验等方式，为学生提供新的思路和启发，帮助学生突破思维局限，提升思维深度和广度。

辅导员可以在讨论区提供相关的学习资源，如专业文献、研究报告、案例分析等，为学生的讨论提供更丰富的素材和理论支持。这些资源不仅能够加深学生对讨论主题的理解，还能引导学生学会如何获取和运用专业资源，培养他们的自主学习能力和学术素养。通过讨论区和在线学习小组这种集体交流的互动形式，学生之间的协作得到了有效促进，团队意识不断增强。在相互帮助、相互学习的过程中，学生的理解力和思考能力得到了显著提升。

（二）学生自主学习与参与感提升

1. 丰富的学习资源与讨论环节

新媒体平台凭借其强大的整合能力和广泛的互联性，汇聚了海量且多样化的学习资源，为学生提供了一个知识的宝库。这些资源涵盖了各个学科领域，从基础学科的基础知识讲解到前沿学科的最新研究成果，从理论性的学术著作到实践性的案例分析，应有尽有。同时，平台还设置了丰富多样的互动环节，这些元素相互交织，共同激发学生的学习兴趣，推动他们积极主动地参与到学习过程中。

在学习资源方面，新媒体平台整合了多种形式的资料，如文本、图像、音频、视频等，以满足不同学生的学习风格和需求。例如，对于抽象概念的学习，学生可以通过观看生动形象的动画视频来理解；对于复杂的实验操作，他们可以观看详细的演示视频，清晰地掌握每一个步骤。此外，平台还链接了大量的外部教育资源库、专业学术网站以及各类在线课程平台，这些资源的无缝对接使得学生能够接触到全球范围内的优质教育内容，拓宽了他们的知识视野。而互动环节则是新媒体平台激发学生学习热情的关键所在。学习讨论区作为学生思想碰撞的重要场所，为学生提供了一个自由交流的空间。在这里，学生们围绕特定的学习主题展开深入讨论，无论是对课程中的难点问题进行剖析，还是对学术前沿话题进行探索，都能充分发表自己的见解。这种讨论不仅仅是简单的观点分享，更是一个知识建构的过程。在交流中，学生们相互启发，从不同的角度审视问题，从而深化对知识的理解。例如，在文学课程的讨论区，学生们可以针对一部经典作品的主题思想、人物形象、写作手法等方面展开激烈讨论。有的学生从历史文化背景出发解读作品所反映的时代特征，有的则从心理学角度分析人物的内心世界。

知识问答功能则为学生提供了一个检验学习成果、解决疑惑的平台。学生可以提出自己在学习过程中遇到的问题，由其他同学或辅导员进行解答。这种问答互动不仅能够及时解决学生的困惑，还能促使学生积极思考，主动探索知识。同时，回答问题的过程也是对知识的进一步巩固和深化，学生在帮助他人的同时，也提升了自己的知识运用能力。

在线作业功能同样具有重要意义。它改变了传统作业的形式，使其更加多样化和智能化。教师可以通过平台布置各种类型的作业，如选择题、填空题、简答题、案例分析题等，还可以设置作业的提交时间和评分标准。学生完成作业后，系统能够自动批改并反馈结果，让学生及时了解自己的学习情况。此外，在线作业还可以设置讨论和互评环节，学生在完成作业后可以相互交流和评价，从他人的作业中学习借鉴，提高自己的学习质量。这些丰富的学习资源和互动环节相互配合，形成了一个有机的整体。学生在这样的环境中，不再是被动地接受知识，而是能够根据自己的兴趣和需求，自主选择学习内容，积极参与到各种互动活动中。

2. 学习主动性与团队合作

新媒体平台的互动性为学生创造了一个鼓励主动探索和积极交流的学习环境，有力地推动了学生学习主动性的提升以及团队合作精神的培养。在这个数字化的学习空间里，互动机制促使学生摆脱传统学习模式下的被动状态，积极主动地提出问题、参与讨论，并毫无保留地分享自己的见解。

在独立学习的基础上，新媒体平台的互动性进一步激发了学生的合作意识。集体讨论作为一种重要的互动形式，为学生提供了接触不同观点和思维方式的机会。在讨论过程中，学生们来自不同的背景，具有不同的知识储备和思考角度，他们围绕特定的问题展开深入探讨，各抒己见。这种多元化的交流使得学生能够突破自己的思维局限，从多个维度审视问题，从而获得更全面、更深入地理解。例如，不同专业的学生聚在一起讨论一个关于科技创新的项目时，计算机专业的学生从算法设计和软件开发的角度提出创新思路；材料科学专业的学生则关注新型材料的应用，为项目提供材料选择和性能优化方面的建议；市场营销专业的学生则从市场需求和商业推广的角度，为项目的可行性和发展前景提供分析。通过这样的跨专业交流与合作，学生们不仅拓宽了自己的知识面，还学会了如何在团队中发挥各自的专业优势，协同解决复杂问题。

在解决复杂问题的过程中，学生们逐渐形成了明确的分工协作模式。他们根据各自的特长和兴趣，承担不同的任务，共同为实现团队目标而努力。这种团队合作的过程不仅提高了学生解决实际问题的能力，还培养了他们的沟通能力、协调能力和领导能力。在团队合作中，学生们需要学会倾听群众的意见，尊重不同的观点，有效地表达自己的想法，并在必要时做出妥协和调整。这些能力对于学生未来的职业发展和社会生活都具有至关重要的意义。

新媒体平台的互动性使得学生的学习过程不再是孤立的个体行为，而是主动参与、交流、合作的过程。在这个过程中，学生们积极探索知识，不断挑战自我，形成了积极向上的学习态度和良好的学习习惯。这种积极的学习氛围不仅促进了学生的学术成长，更对他们的人格塑造和综合素质的提升产生了深远影响，为他们未来在社会中立足和发展奠定了坚实的基础。

第三节　线上与线下结合的混合式教育模式

一、混合式教育模式的优势

混合式教育模式是一种结合线上学习与线下教学的教育方式，它将传统教学模式的优势与现代信息技术相结合，打破了时间与空间的限制，为学生提供了更多元的学习方式，同时也提高了教育互动性和个性化的教学支持。辅导员工作室采用混合式教育模式，可以为师生互动搭建便捷桥梁，使交流沟通更顺畅，互动更具实效，全方位优化教学效果，培育全面发展的学生。

（一）提高学习效率与质量

1. 灵活的学习方式与个性化支持

在混合式教育模式日益普及的当下，在线学习平台凭借其独特的优势，成为学生获取知识、提升学习效果的重要工具。这种平台为学生构建了一个资源丰富、功能多样的学习环境，极大地满足了学生多样化的学习需求。

在线学习平台所提供的学习资源种类繁多且形式丰富。课件作为知识体系的直观呈现，经过精心设计与整理，涵盖了课程的重点内容、难点解析以及知识框架，帮助学生系统地梳理所学知识。电子教材则以数字化形式提供了丰富的阅读材料，方便学生随时随地查阅，拓展知识面。视频讲解更是以生动形象的方式，将抽象的知识转化为易于理解的视觉信息，通过专业教师或专家的详细讲解，帮助学生深入理解复杂的概念和原理。互动讨论区则为学生提供了一个交流思想、分享见解的空间，学生可以在这里与同学、教师进行实时或异步的交流，共同探讨学习中遇到的问题，拓宽思维视野。

学生在这样的平台上拥有高度的自主选择权，能够依据自身的时间安排、学习能力和兴趣爱好，自主决定学习内容和学习进度。与传统教学模式相比，线上学习打破了时间和空间的限制，不再受固定课堂时间和地点的束缚。这意味着学生可以根据自己的生物钟和学习状态，选择在精力最充沛的时间段进行学习，避免了因疲劳或其他因素导致的学习效率低下。同时，对于学习进度较慢的学生，可以反复观看视频讲解、深入研读课件内容，确保对知识的扎实掌握；而对于学习能力较强的学生，则可以加快学习进度，提前探索更深入的知识领域，充分发挥自身的学习潜力。以辅导员工作室搭建的在线平台为例，其功能更加贴近学生的学习实际需求。工作室通过该平台发布丰富多样的课程资料，不仅包括常规的文字资料，还有精心录制的录播课程。这些录播课程针对课程中的重点难点进行详细讲解，为学生提供了课后复习和深化理解的有力支持。在线测试功能则能及时反馈学生的学习情况，让学生了解自己对知识的掌握程度，发现自身的薄弱环节，从而有针对性地进行学习。

在传统课堂中，教师往往需要按照既定的教学计划和进度进行授课，难以兼顾每个学生的学习情况和个性化需求。而在线学习方式能够有效弥补这一局限。学生在自主学习过程中，可以根据自己的节奏逐步消化知识，遇到问题时可以随时查阅资料或向教师请教。这种自主学习的过程有助于培养学生的自学能力，使他们学会独立思考、自主探索知识，从而提高学习效率。随着学生自学能力的不断提升，他们在面对新知识和新挑战时，能够更加从容地应对，为今后的终身学习奠定坚实的基础。

2. 课堂互动与知识应用的增强

线上学习的灵活性为学生提供了自主学习的广阔空间，而线下课堂的互动性则是深化学生知识理解、提升知识应用能力的关键环节。二者相辅相成，共同促进学生学习效果的提升。

线下课堂作为师生面对面交流的重要场所，具有不可替代的独特优势。教师在课堂上可以运用多种教学方法，激发学生的学习兴趣，引导学生积极参与课堂互动。互动讨论环节鼓励学生发表自己的观点和想法，与同学和教师进行思想碰撞。在讨论过程中，学生能够从不同的角度审视问题，拓宽思维视野，深化对知识的理解。案例分析则通过实际案例的引入，将抽象的理论知识与实际应用相结合，帮助学生更好地理解知识在现实生活中的运用方式，提高学生分析问题和解决问题的能力。情境模拟教学方法更是让学生身临其境，在模拟的真实场景中运用所学知识，锻炼他们的实践操作能力和应变能力。

在课堂互动中，教师能够实时关注学生的学习状态和反馈信息，及时解答学生的疑问。这种即时反馈机制能够让学生在学习过程中及时得到指导，避免问题的积累，增强学习的信心。同时，通过小组讨论、课堂演示等形式，学生不仅能够深化对知识的理解，还能锻炼团队协作能力和表达能力。在小组讨论中，学生需要分工合作，共同分析问题、解决问题，学会倾听群众的意见，发挥各自的优势，提高团队的整体效能。课堂演示则要求学生将所学知识进行整理和提炼，以清晰、准确的方式向全班同学展示，这不仅有助于加深自己对知识的理解，还能提升表达能力和自信心。

辅导员可以充分利用在线平台收集的学生学习数据，如学习进度、作业完成情况、测试成绩等，了解每个学生的学习状况。对于学生普遍存在的问题，进行集中讲解和深入剖析；对于个别学生的特殊问题，提供个性化的指导和帮助。通过这种方式，将线上学习与线下课堂有机结合起来，使学生在多维度的学习环境中进行全面的学习。例如，在某个课程的教学中，辅导员通过在线平台发现部分学生在某个知识点的理解上存在困难，作业完成情况不理想。于是，在接下来的线下课堂上，辅导员针对这一知识点进行了重点讲解，并组织学生进行案例分析和小组讨论。在讨论过程中，学生们结合实际案例，深入探讨该知识点的应用方法，不仅加深了对知识的理解，还学会了如何将知识运用到实际问题的解决中。这种线上线下相结合的教学模式，充分发挥了两种学习方式的优势，进一步增强了学习效果，使学生能够更加扎实地掌握知识，提高综合素质和能力。

（二）促进学生与辅导员的有效互动

1. 线上平台的即时反馈与互动

在线学习平台在促进学生与辅导员互动方面发挥着不可忽视的重要作用，它打破了时间与空间的限制，为学生创造了随时随地进行互动交流的便利条件。学生可以借助留言、论坛、私信等多样化的方式，及时向辅导员提出学习过程中遇到的问题，或者反馈自身的学习进度。这种实时互动机制极大地缩短了信息传递的时间差，使得辅导员能够迅速了解学生在学习道路上的困惑与需求，并及时给予反馈与指导。

对于学生而言，在学习过程中难免会遇到各种难题，以往在传统教学模式下，遇到困难往往需要等待下次面对面授课或专门的辅导时间才能获得帮助，这可能导致问题的积累，影响学习的连贯性和积极性。而如今在线学习平台的出现，改变了这一局面。当学生遇到困难时，无须漫长等待，只需轻点鼠标或滑动屏幕，就能直接通过平台与辅导员取得联系，及时获得所需的帮助。这种即时性的支持让学生感受到自己在学习过程中始终有人关注和引导，增强了他们面对困难的勇气和信心，有助于提高学习的效率和质量。以辅导员工作室为例，通过设置专门的在线答疑时间，能够进一步规范和优化线上互动机制。在指定的时间内，学生可以集中向辅导员提交问题，辅导员则通过平台实时解答学生的疑问。这种方式不仅保证了学生的问题能够得到及时回应，还营造了一种有序、高效的互动氛围。同时，辅导员还可以充分利用在线测验、作业反馈等功能，全面了解学生的学习效果。在线测验能够即时生成学生的测试成绩和答题情况分析，辅导员可以根据这些数据，清晰地看到学生对各个知识点的掌握程度；作业反馈则能让辅导员了解学生在完成作业过程中所展现出的思维方式、知识运用能力以及存在的问题。基于这些详细的信息，辅导员可以与任课教师沟通反馈，针对性地对学生进行个性化辅导，调整后续的教学策略，使教学内容和方法更加贴合学生的实际需求，实现因材施教。

2. 线下课堂的深度交流与个性化指导

尽管在线学习为学生提供了灵活便捷的学习方式，但在实际学习过程中，学生在许多方面仍然需要面对面的辅导与支持。线下课堂作为传统教学模式的重要阵地，在促进师生深度交流方面具有不可替代的独特优势。

在面对面的线下课堂环境中，辅导员能够更加直观地观察学生的学习状态和情绪变化。学生的面部表情、肢体语言以及课堂参与度等细节，都能为辅导员提供丰富的信息，帮助辅导员深入了解学生的学习情况和心理状态。例如，辅导员可以通过观察学生的眼神是否专注、回答问题时的表现以及在小组讨论中的参与程度，判断学生对知识的理解程度和学习积极性。一旦发现学生存在学习困难或情绪波动，辅导员可以及时给予关注和引导。

线下课堂为辅导员提供了进行个性化指导和评估的绝佳机会。辅导员可以在课堂上通过一对一的辅导方式，针对学生在学习过程中遇到的具体问题进行深入剖析和解答。这种个性化的指导能够充分关注到每个学生的独特需求，帮助学生突破学习瓶颈，巩固知识体系。同时，小组讨论也是线下课堂中常见且有效的互动形式。在小组讨论过程中，辅导员可以穿梭于各个小组之间，倾听学生的讨论内容，适时给予指导和建议。通过参与学生的讨论，辅导员不仅能够帮助学生解决更为复杂的学术问题，还能引导学生从不同角度思考问题，培养学生的批判性思维和团队协作能力。通过线上与线下的双重互动模式，辅导员能够全方位、多维度地掌握学生的学习情况。线上平台的即时反馈让辅导员能够及时了解学生的日常学习问题和学习进度，线下课堂的深度交流则使辅导员能够深入洞察学生的学习状态和个性化需求。基于这些全面而细致的了解，辅导员可以制定更加精准、有效的辅导策略，为学生提供个性化的辅导，满足学生多样化的学习需求，促进学生在学业和个人发展方面取得更大的进步。

二、实践中的应用与挑战

（一）线上线下的资源整合

混合式教育模式要求线上与线下的教学资源能够有效整合。在线教学平台与线下课堂在资源、内容和教学方法上应该有机结合，而不是孤立存在。工作室需要设计合理的课程结构，将线下课堂与线上资源有效整合，避免重复或内容脱节的问题。

1. 课程内容的衔接与整合

在混合式教育的框架下，课程内容的衔接与整合是一项复杂而又关键的系统工程，需要辅导员具备深厚的专业素养、敏锐的教育洞察力以及精湛的教学设计能力。辅导员作为教育过程的组织者和引导者，肩负着确保线上线下课程内容紧密相连、相互促进的重要职责。

从知识体系的构建角度来看，线上课程与线下课程应共同服务于一个完整的教学目标，形成一个逻辑连贯、层次分明的有机整体。线上课程凭借其丰富的多媒体资源、便捷的学习方式以及不受时空限制的优势，能够为学生提供广泛的基础知识讲解、案例分析以及拓展性学习资料。然而，线上学习的碎片化特点也可能导致学生对知识的理解停留在表面，缺乏深度和系统性。因此，线下课堂的作用就显得尤为重要。线下课堂能够为学生提供面对面的互动交流机会，辅导员可以通过深入讲解、启发式提问、小组讨论等方式，引导学生对线上所学知识进行梳理、深化和拓展，帮助学生构建起完整的知识体系。例如，在讲解某一课程时，辅导员在课堂上对重点理论知识进行深入剖析，通过实际案例引导学生理解理论的应用场景和方法。同时，为了加深学生对这些内容的理解和掌握，辅导员需要通过在线平台提供丰富的补充材料，如相关领域的前沿研究成果、行业动态资讯、实际应用案例视频等，让学生在课后能够继续深入学习，拓宽知识面。此外，还应配套提供针对性的练习题和模拟测试，帮助学生巩固所学知识，检验学习效果。

反过来，学生在线学习过程中不可避免地会遇到各种问题和困惑。由于线上学习缺乏实时的面对面交流，学生可能无法及时得到解答。因此，辅导员需要高度关注学生在线学习的反馈信息，及时收集学生在学习过程中提出的问题。在后续的线下课堂中，辅导员应针对这些共性问题进行详细解答，组织学生进行深入讨论。通过这种方式，将学生在线学习的疑惑与线下课堂的深入探讨有机结合起来，使学生能够在互动交流中深化对知识的理解，弥补线上学习的不足。这种线上线下相互补充、相互促进的课程内容整合方式，能够有效提高学生的学习效果，培养学生的自主学习能力和综合运用知识的能力。

2. 有效地学习管理与反馈

辅导员工作室作为学生学习过程的重要引导者和管理者，需要充分利用现代信息技术手段，对学生在线和线下的学习数据进行全面整合和深入分析，从而为学生提供及时、精准、个性化的学习反馈。

学习数据作为反映学生学习过程和学习效果的重要依据，涵盖了多个维度的信息。在线学习数据方面，包括学生登录学习平台的频率、观看教学视频的时长、参与在线讨论的活跃度、作业完成的质量和时间、在线测试的成绩等。这些数据能够直观地反映出学生的学习态度、学习进度以及对知识的掌握程度。线下学习数据则包括课堂出勤情况、课堂参与度（如发言次数、小组讨论表现等）、作业完成情况、考试成绩等。通过对这些多维度数据的综合分析，辅导员能够全面了解学生在不同学习场景下的学习表现，发现学生的学习优势和不足之处。例如，辅导员可以借助学习管理系统，对学生在平台上的学习情况进行实时监测和分析。通过分析学生观看视频的时长和进度，了解学生对不同知识点的关注程度和学习兴趣；通过分析作业完成情况，掌握学生对知识的理解和应用能力；通过分析在线测试成绩，评估学生对课程内容的掌握水平。基于这些数据分析结果，辅导员可以为每个学生制定个性化的辅导计划。对于学习进度较慢的学生，可以安排额外的辅导课程，帮助他们查漏补缺；对于学习能力较强的学生，可以提供一些拓展性的学习任务，满足他们的学习需求。

在课堂教学中，辅导员可以根据线上学习数据的分析结果，进行针对性的指导。同时，辅导员还可以利用线下课堂的互动优势，进一步了解学生在学习过程中遇到的问题和困难，及时调整教学策略。此外，有效的学习管理系统还应具备及时反馈的功能。辅导员需要将学习数据分析的结果及时反馈给学生，让学生了解自己的学习情况，明确努力的方向。反馈方式可以多样化，如定期的学习报告、一对一的辅导交流、课堂上的总结反馈等。

（二）面对面与线上互动的平衡

1. 灵活调整教学安排

在混合式教育模式下，辅导员作为教学活动的组织者与引导者，肩负着灵活调整线上与线下教学安排，以实现两者有机融合与高效协同的重任。这需要辅导员深入理解课程目标、教学内容特点以及学生的学习需求，运用专业的教育教学知识和丰富的实践经验，精心设计教学流程。

从课程内容的特性出发，对于理论性较强的知识板块，将其安排在线上学习环节具有诸多优势。线上学习资源丰富多样，学生可以通过观看精心制作的教学视频、阅读电子教材和学术文献等方式，自主学习基础知识。这种自主学习模式能够充分发挥学生的主观能动性，让学生根据自己的学习节奏和进度进行学习，有助于提高学习效率。同时，线上平台还提供了丰富的互动功能，如在线讨论区、答疑论坛等，学生在学习过程中遇到问题可以随时与同学和教师进行交流，拓宽学习思路。而课堂讨论、案例分析和技能实践等活动则更适合在线下进行。课堂讨论能够营造积极活跃的互动氛围，学生们围坐在一起，各抒己见，通过思想的交锋和观点的碰撞深化对知识的理解。在案例分析环节，学生需要结合实际案例，运用所学理论知识进行分析和解决问题，面对面的交流能够让学生更直观地获取彼此的想法和思路，培养批判性思维和创新能力。技能实践活动更是需要现场的指导和示范，辅导员可以在学生实践过程中及时发现问题并给予纠正，确保学生能够熟练掌握相关技能。

2. 保障学生的自主学习时间

在混合式教育模式中，保障学生拥有充足且高质量的自主学习时间，是培养学生独立思考和自我学习能力的核心要素。辅导员应深刻认识到，自主学习能力不仅是学生在当前学业阶段取得优异成绩的关键，更是其未来在不断变化的社会环境中持续发展的必备素养。

增加在线学习的内容和互动环节是实现这一目标的重要途径。在线学习内容应具有丰富性和层次性，除了基础知识讲解外，还应包括拓展阅读材料、前沿研究成果分享、专题讲座等，满足不同学习水平和兴趣爱好学生的需求。例如，在某门专业课程的在线学习平台上，除了提供核心教材的电子版本和详细讲解视频外，还上传了相关领域的经典学术论文、行业专家的最新研究报告以及知名学者的讲座视频。学生可以根据自己的学习进度和兴趣，自主选择学习内容，深入探索专业知识的不同层面。

同时，丰富的互动环节能够激发学生的学习积极性和主动性。在线讨论区可以设置多样化的话题，鼓励学生分享学习心得、提出问题、展开讨论。辅导员应积极参与其中，引导讨论方向，解答学生疑惑，营造良好的学习氛围。此外，还可以组织线上小组合作项目，让学生通过网络协作完成任务，培养团队合作精神和沟通能力。通过这些方式，学生能够在课后自主安排学习时间，深入思考所学知识，拓宽知识视野。在自主学习过程中，学生需要独立分析问题、寻找解决方案，这有助于培养他们的独立思考能力。同时，学生在自主探索知识的过程中，逐渐掌握适合自己的学习方法，提高自我学习能力。辅导员应定期对学生的自主学习情况进行检查和反馈，给予学生必要的指导和建议，确保学生的自主学习能够取得良好的效果。只有保障学生充足的自主学习时间，让他们在自主学习中不断成长和进步，才能真正实现混合式教育模式的育人目标，培养出具有创新精神和自主学习能力的高素质人才。

第五章　高校辅导员工作室的运营管理模式

第一节　辅导员工作室的运营目标与绩效评估

一、运营目标的设定

（一）教育效果提升与学生满意度

高校辅导员工作室在学生思想政治教育和日常管理领域占据关键地位，提升教育效果是其核心使命的重要体现。教育效果的提升是一个多维度、综合性的目标，涉及学生成长发展的多个重要方面。

从思想道德修养维度来看，工作室承担着引导学生树立正确世界观、人生观和价值观的重任。在当今多元化的社会背景下，学生面临着各种思潮和价值观的冲击，因此培养学生的社会责任感和家国情怀显得尤为重要。工作室可通过精心策划和组织主题教育，深入挖掘社会主义核心价值观的内涵，结合历史事件、现实案例等，以生动形象的方式向学生传递正确的价值观念。同时，积极组织社会实践活动，如社区志愿服务、红色文化调研等，让学生在实践中亲身体验和感受，从而深化对社会主义核心价值观的理解和认同，将理论知识内化为自身的行为准则。

在专业知识储备方面，辅导员工作室与专业教师的紧密合作具有重要意义。随着高等教育的不断发展，学生在专业学习过程中面临着诸多挑战，需要专业的学业指导和有效的学习方法。工作室可以针对不同专业课程的特点，开展系统性的学业指导工作。例如，举办系列学习经验交流会，根据不同学科的知识体系和学习要求，邀请成绩优异且具有独特学习方法的学生进行分享，从课程预习、课堂学习、课后复习到考试技巧等方面进行全面讲解，帮助其他学生找到适合自己的学习路径，提高学习效率和成绩。

综合素质发展是教育效果提升的重要组成部分。在现代社会，学生不仅需要具备扎实的专业知识，还应具备良好的沟通能力、团队协作能力和创新能力等综合素质。工作室可以充分发挥自身的组织协调优势，开展丰富多彩的文体活动、科技创新活动等。在文体活动方面，组织各类文艺比赛、体育赛事等，为学生提供展示才艺和锻炼身体的机会，培养学生的审美情趣和身体素质。在科技创新活动方面，举办学术讲座、科研项目申报指导等活动，鼓励学生参与科研项目和创新创业实践，锻炼学生的创新思维和实践能力。

职业规划能力培养对于学生的未来发展至关重要。在竞争日益激烈的就业市场中，学生需要明确自己的职业方向，提前做好职业规划，提升就业竞争力。工作室应积极开展职业规划讲座，邀请企业高管、人力资源专家等专业人士，从行业发展趋势、职业素养要求、求职技巧等方面为学生提供全面的指导。同时，加强与企业的合作，建立稳定的实习基地，为学生提供丰富的企业实习推荐机会，让学生在实践中了解企业的运作模式和岗位需求，明确自己的职业兴趣和能力方向，制定合理的职业规划。

学生满意度作为衡量工作室教育效果的重要指标，直接反映了工作室工作的成效和质量。学生是教育服务的直接对象，他们对工作室工作的认可程度是工作室不断改进和发展的动力源泉。为了提高学生满意度，工作室需要深入了解学生需求，关注学生的成长与发展。这要求辅导员主动与学生建立密切的沟通渠道，运用心理学、教育学等专业知识和方法，与学生进行有效沟通交流，建立良好的师生关系。通过定期开展学生座谈会、问卷调查等方式，广泛收集学生对工作室工作的意见和建议。在数据分析方面，运用统计学方法对调查数据进行深入分析，挖掘学生需求的潜在信息。例如，若学生反馈希望增加心理健康辅导方面的服务，工作室应充分重视这一需求，邀请专业心理咨询师开展系列心理健康讲座，涵盖常见心理问题的识别与应对、情绪管理、压力缓解等内容；同时，提供一对一心理咨询服务，为有需要的学生提供个性化的心理支持和辅导，满足学生的心理需求，从而切实提高学生对工作室的满意度。

（二）工作室的长期可持续发展

辅导员工作室的长期可持续发展是保障其教育功能持续有效发挥的关键所在，涉及人才队伍建设、品牌建设以及资源获取与整合等多个层面的系统规划与建设。

在人才队伍建设方面，高素质、专业化的辅导员队伍是工作室发展的核心力量。随着教育理念的不断更新和学生需求的日益多样化，辅导员需要不断提升自身的专业素养和业务能力。工作室应制定系统的培训计划，定期组织辅导员参加各类培训活动，包括思想政治教育、心理健康教育、职业生涯规划等方面的专业培训课程，使辅导员能够及时掌握最新的教育理念和方法，提高思想政治教育工作的针对性和实效性。同时，积极鼓励辅导员参加学术交流活动，与同行分享经验、探讨问题，拓宽学术视野，提升科研能力。

建立合理的人才选拔机制对于工作室的发展至关重要。工作室应打破传统的人才选拔模式，吸引具有不同专业背景和特长的辅导员加入。例如，除了具有思想政治教育专业背景的辅导员外，还应吸纳具有心理学、教育学、管理学等专业背景的人才，形成多元化的人才结构。这种多元化的人才结构能够为工作室带来不同的思维方式和工作方法，丰富工作室的工作内容和形式，为工作室的发展注入新的活力。

在品牌建设方面，工作室应深入挖掘自身特色和优势，结合学校的办学理念、学科特色以及学生的需求，打造具有影响力的品牌项目。品牌项目是工作室的核心竞争力之一，能够提升工作室的知名度和美誉度，吸引更多学生参与，增强工作室的凝聚力和影响力。例如，一些工作室围绕传统文化传承这一主题，开展系列特色活动，如举办传统文化讲座、传统艺术展览、传统文化实践体验等，形成独特的品牌形象。通过这些活动，不仅传承和弘扬了中华优秀传统文化，还培养了学生的文化自信和民族自豪感。又如，一些工作室聚焦创新创业教育，开展创业培训、项目孵化、创业大赛等活动，为学生提供创新创业的平台和资源，培养学生的创新精神和创业能力，形成具有影响力的创新创业教育品牌。

资源获取与整合是保障工作室可持续发展的重要物质基础。工作室需要积极争取学校、社会等多方面的资源支持，包括资金、场地、设备等。在学校内部，工作室应加强与各部门的沟通协调，建立良好的合作关系，争取更多的政策支持和资源倾斜。例如，与学校教务处合作，争取在教学计划中为工作室的教育活动预留一定的学分；与学校后勤部门合作，确保工作室有稳定的活动场地和设备支持。同时，工作室应加强与企业、社会组织的合作，拓展外部资源渠道。通过与企业建立合作关系，争取企业的资金赞助、实习基地建设以及专业指导等支持；与社会组织合作，开展公益活动、社会实践项目等，丰富工作室的活动内容和形式，为学生提供更多的锻炼机会和发展平台。通过多渠道的资源获取与整合，为工作室的发展提供坚实的物质保障。

二、绩效评估与反馈机制

（一）评估标准与方法

1. 教育教学效果评估

教育教学是辅导员工作室的核心功能之一，评估工作室在教育教学方面的成效是评估体系中的重要部分。通过多种评估方式，能够全面反映工作室在思想政治教育、学业辅导、职业规划等方面的教学效果。

（1）学生学习成绩提升情况

学习成绩是评估教学效果的重要量化指标之一。通过对比学生在参与辅导员工作室组织的学习活动前后的成绩变化，可以直观地了解教学活动是否有效提升了学生的学业水平。例如，可以利用教育管理信息系统，收集学生的期中、期末成绩等数据，分析学生的成绩变化趋势，评估辅导员工作室在学术辅导中的效果。

（2）思想道德素质提高程度

评估思想道德教育的成效，需通过学生在参与工作室组织的主题教育后的行为表现和思想转变情况进行观察。例如，通过组织的社会实践、爱国主义主题活动等，辅导员可以帮助学生树立正确的价值观、人生观和世界观。通过座谈会、个别谈话等方式，辅导员可以定期评估学生的思想变化，判断教育活动的影响力。

（3）职业规划能力发展

评估其效果，可以通过观察学生参加职业规划讲座、模拟面试、企业实习等活动后的参与度、反馈情况和就业情况来衡量。例如，开展问卷调查，了解学生在参与职业规划活动后的职业目标设定情况，或者通过跟踪学生的就业数据，评估辅导员工作室在提升学生就业竞争力方面的效果。

2. 学生管理与辅导效果评估

有效的管理不仅包括日常的行为规范引导，还涵盖了学生思想政治的引导和情感支持。

（1）学生违纪率与行为规范

辅导员工作室在学生日常管理中的成效可以通过学生违纪率的变化来进行衡量。较低的学生违纪率表明辅导员工作室在学生行为规范方面起到了有效的引导作用。工作室通过制度建设、规范化管理和学生心理疏导等多种手段，促进了学生良好的行为习惯养成。此外，辅导员通过定期的沟通和心理疏导帮助学生解除思想和情感上的困扰，也能够有效减少学生的违纪行为。

（2）学生对管理工作的满意度

学生对辅导员管理工作的满意度反映了管理方式的合理性和人性化程度。通过定期开展学生满意度调查、座谈会等形式，收集学生的反馈，辅导员可以及时调整管理方法。满意度高的管理方式能够激发学生的积极性和参与感，从而有助于学生全面发展。

3. 团队建设与协作评估

辅导员工作室的团队建设对其长期发展至关重要。评估团队的协作能力和专业发展情况，有助于进一步提升团队整体素质。

（1）辅导员队伍的专业发展情况

工作室应注重辅导员的职业发展，提升他们的专业素养。评估这一方面的效果，可以通过统计辅导员参加培训和学术研究的成果来进行。例如，辅导员每年参加的教育培训、学术会议的次数及其在会议中获得的荣誉，都是衡量辅导员专业能力提升的有效指标。

（2）团队协作能力

团队的协作效率直接影响工作室活动的组织和实施效果。评估团队协作能力可以通过观察辅导员在组织大型活动时的效率和效果来进行。例如，工作室可以通过评估辅导员在策划和执行学术活动、社会实践等项目时的分工、协调和执行力，评估团队在合作中的表现。团队合作效果良好的工作室，能够有效推动工作室活动的顺利开展。

4. 社会影响力评估

社会影响力可以通过媒体报道、社会认可度等途径来评估。

（1）媒体报道数量与影响力

工作室的社会影响力可通过其活动的媒体报道数量和影响力来衡量。

例如，工作室组织的学术讲座、社会实践等活动被媒体报道的频率和广度，可以作为评估社会影响力的指标。通过分析媒体报道的质量和深度，可以进一步评估工作室在社会上的影响力和知名度。

（2）社会认可度

社会认可度的评估则可以通过与外部社会组织的合作频率、企业参与度等来衡量。辅导员工作室通过与外界的合作，拓宽了资源渠道，提升了自身的社会影响力。例如，通过与企业、社会组织的合作，工作室能够为学生提供更多的实践机会，同时增强了社会对工作室活动的关注度和认可度。

（二）学生与辅导员的双向反馈

1. 学生的反馈

学生作为辅导员工作室活动的直接参与者和主要受益者，他们的反馈对于工作室的改进至关重要。通过收集学生的反馈，辅导员能够清晰地了解活动内容、服务质量等方面的执行情况，从而找出活动中的优点和不足，进行针对性的改进和优化。

（1）定期问卷调查与反馈渠道

问卷调查是一种常用且有效的反馈方式。通过在活动后定期开展问卷调查，辅导员能够系统性地收集学生对工作室活动内容、流程、组织方式等方面的评价。问卷的设计应注重多样性和具体性，确保能够涵盖学生对活动各个方面的看法，例如活动主题的相关性、教学内容的实用性、辅导员的教学态度、活动的组织效果等。通过对学生反馈数据的分析，辅导员可以评估活动的整体效果，识别出学生满意度较低的环节，并结合反馈意见进行调整。例如，如果学生普遍反映活动的互动性不足，辅导员可以在下一次活动中增加讨论环节、团队合作或角色扮演等形式，提高学生的参与感和互动性。

（2）意见箱与匿名反馈

设立意见箱或提供匿名反馈渠道为学生提供了一个安全和自由的表达

平台。一些学生可能由于种种原因不愿公开表达自己的意见，而通过匿名反馈，学生可以更为坦率地提出对辅导员工作室活动的真实看法。这不仅有助于发现学生在参与活动中遇到的问题，也能帮助辅导员了解学生在管理、服务等方面的潜在需求。学生的意见和建议为辅导员调整工作方式、创新活动形式提供了宝贵的参考。

2. 辅导员的反馈与交流

辅导员工作室应定期组织辅导员之间的反馈活动，提供一个平台，让每一位辅导员都能分享自己的经验、反思工作中的问题、并寻求团队的建议和支持。

（1）定期工作例会与经验分享

通过定期的工作例会和经验分享会，辅导员可以在轻松的氛围中与同事们讨论工作中的亮点与难点。工作例会不仅仅是一个行政性的汇报过程，更是一个思想和经验的碰撞平台。在这些会议中，辅导员可以分享自己在活动组织、学生管理、教育辅导中的成功案例，分析所采取方法的优缺点。例如，辅导员可能会分享在某次活动中，如何通过创新的互动形式提高了学生的参与度，或是在心理健康辅导中采取的有效策略。这种经验交流能够促进辅导员之间的相互学习和共同进步。同时，辅导员也可以通过例会分享在工作中遇到的困难和挑战，邀请其他辅导员共同探讨解决方案。例如，如果某位辅导员在管理学生行为时遇到挑战，其他辅导员可以结合自己的经验提出解决策略。

（2）工作反思与自我提升

辅导员之间的反馈不仅仅是相互之间的经验交流，还应该包含对自己工作的反思与总结。通过每月或每学期的工作总结会议，辅导员能够对自己的工作进行深刻反思，识别自己在工作中的不足，并设立改进目标。例如，某位辅导员可能在辅导过程中忽略了学生的心理需求，导致某些学生的情绪没有得到及时关注。通过自我反思，该辅导员能够意识到这一问题并制定计划，改善未来与学生的沟通方式。这种持续的自我提升和团队反馈能够使辅导员不断更新工作方法，提高自己的专业能力。

3. 双向反馈的作用

双向反馈机制的核心在于将学生和辅导员的反馈结合起来，形成一个良性循环，推动工作室持续优化。通过这种双向的互动反馈，辅导员不仅能更好地了解学生的需求和反馈，还能够及时调整工作方向，以提高教育效果和服务质量。同时，辅导员也通过反馈机制为学生提供更多信息，使学生了解工作室的最新活动、发展方向和具体规划，从而增强他们的参与感和归属感。

（1）学生反馈的意义

学生的反馈能够帮助辅导员准确掌握工作室活动的执行情况，及时发现活动中的问题。例如，学生可能反馈某个活动内容过于理论化，缺乏实践性，辅导员便可以在以后的活动中加入更多的互动环节，增强实操性和互动性。通过了解学生在活动后的需求，辅导员能够针对性地调整教学方法和辅导内容，使活动更符合学生的实际需求。

（2）辅导员反馈给学生的价值

辅导员的反馈不仅仅是给学生个性化的辅导意见，更多的是通过反馈机制让学生了解辅导员工作室的努力与计划。辅导员可以通过定期的反馈会议或公告向学生传达工作室未来的活动计划，解释工作室如何根据学生的需求改进服务。通过这种反馈，学生能够感受到辅导员的关注和责任，增强对工作室的认同感和参与度。

（3）双向反馈的持续改进

双向反馈机制有助于工作室的持续改进。通过学生的反馈，辅导员可以调整活动内容和方法，使其更加符合学生的需求；而辅导员通过反馈学生的学习进展和行为表现，帮助学生意识到自己在学习和行为上的不足，共同促进学生的成长。双向反馈机制的实施不仅提升了工作室的工作质量，还增强了学生的参与感和团队的凝聚力，为工作室的可持续发展提供了强有力的支持。

第二节　运营管理中的制度建设

一、工作室管理制度的构建

（一）内部管理规章与制度

1. 日常工作流程制度

辅导员工作室的日常工作流程制度，犹如精密仪器中的操作指南，是保障各项工作得以有条不紊、高效运转的基石。在高校学生管理与教育工作的复杂体系中，该制度的重要性不言而喻，它为辅导员的工作提供了清晰的行动框架与规范准则。这一制度需对工作室所涉及的每项任务进行全面且细致地梳理，明确其执行流程、责任分工以及操作细节。学生事务处理涵盖了学生从入学到毕业的各个阶段，包括但不限于学籍管理、奖助贷评定、心理健康辅导等多个方面。在学籍管理方面，从新生入学的信息录入、档案整理，到在校期间的转专业、休学、复学等手续的办理，都应有详细且严谨的流程规定。

教育活动的组织也是辅导员工作室的重要工作内容之一。从活动的策划、筹备、实施到总结评估，每个环节都应制定详尽的操作规范。以一场主题为“大学生职业生涯规划”的教育活动为例，策划阶段需明确活动目标、参与对象、活动形式等要素，同时制定详细的预算方案；筹备阶段要确定活动场地、邀请嘉宾、准备宣传资料等；实施阶段需安排专人负责现场秩序维护、设备保障等工作；总结评估阶段则要收集参与者的反馈意见，对活动效果进行量化评估，以便为后续类似活动的改进提供依据。

尤其在处理学生突发事件时，日常工作流程制度更应发挥其关键作用。学生突发事件具有不可预测性和紧迫性，如意外伤害、突发疾病、群体冲突等情况，都需要辅导员迅速、妥善地应对，以保障学生的安全与权益。工作流程应明确规定：辅导员在第一时间到达现场后，首先要冷静、客观地评估事件的性质、严重程度以及可能产生的影响。这需要辅导员具备敏锐的观察力和专业的判断能力，能够迅速判断事件的关键问题所在。随后，及时向上级领导和相关部门汇报事件的详细情况，确保信息的准确传达，以便上级能够做出正确的决策和部署。同时，辅导员要积极协同保卫处、医务室等相关部门，根据事件的具体情况采取相应的紧急措施。例如，在学生突发疾病的情况下，辅导员要协助医务室工作人员进行初步救治，并及时安排送往医院；在群体冲突事件中，要配合保卫处维护现场秩序，避免事态进一步恶化。为了应对各种可能出现的紧急情况，工作室应制定一套详尽、科学的应急预案。该预案不仅要涵盖常见突发事件的应对流程，还应定期进行演练和更新，以确保在实际发生紧急情况时，辅导员能够熟练运用预案中的各项措施，做到有章可循、临危不乱，最大程度地减少事件对学生造成的伤害和损失。

2. 会议制度

会议制度作为辅导员工作室管理体系的重要组成部分，对工作室的高效运作和团队协作起着至关重要的作用。它通过明确各类会议的召开频率、参会人员、议程安排等关键要素，构建了一个规范、有序的沟通与决策平台。

定期的工作例会是辅导员工作室信息交流与工作协调的核心机制。一般来说，每周或每两周应召开一次工作例会，具体频率可根据工作室的实际工作强度和需求进行调整。参会人员涵盖工作室的全体辅导员以及相关的行政工作人员，确保涉及学生工作的各个层面都能参与到信息的交流与共享中来。在议程安排方面，工作例会通常以每位辅导员汇报上周工作进展为开端。汇报内容要求详细、具体，包括已完成的工作任务、遇到的问题及解决方案等。通过这种方式，工作室成员能够全面了解彼此的工作动态，及时发现工作中的共性问题和潜在风险。随后，针对本周的工作任务进行详细部署，明确各项任务的责任人、时间节点和预期目标，确保各项工作有序推进。此外，工作例会上还应预留一定时间用于自由讨论和交流，鼓励辅导员分享工作中的经验和心得，共同探讨解决问题的新思路和新方法。

除了常规的工作例会，工作室还应设立专题研讨会，以应对学生工作中不断出现的新问题、新挑战。专题研讨会的召开频率相对灵活，可根据实际情况不定期举行。参会人员则根据研讨主题的性质和需求，有针对性地邀请相关领域的专家学者、一线辅导员以及学生代表等。例如，当面临学生心理健康问题日益突出的情况时，工作室可组织心理健康专题研讨会，邀请心理学专家进行专业讲座和指导，同时让有实际工作经验的辅导员分享案例和应对策略，共同探讨如何构建更加完善的学生心理健康教育体系。在议程安排上，专题研讨会通常以主题报告为开篇，由专家或相关负责人对研讨主题进行深入解读，介绍国内外的前沿研究成果和实践经验。随后，进入小组讨论环节，参会人员围绕主题展开深入交流和探讨，提出各自的观点和建议。最后，通过总结归纳小组讨论的成果，形成具有针对性和可操作性的解决方案或工作建议，为工作室的实际工作提供有力的指导。

3. 档案管理制度

在高校学生工作中，档案资料不仅是学生成长历程的真实记录，更是辅导员开展教育管理工作的重要依据，对于学生的全面发展和工作室的工作评估都具有不可忽视的重要价值。

所有与学生相关的档案资料，涵盖了学生个人档案、活动记录、工作计划、总结报告等多个方面，都需要纳入规范化的管理范畴。学生个人档案作为档案管理的核心内容，应全面记录学生从入学到毕业期间的各类信息，包括基本个人信息、学业成绩、奖惩情况、社会实践经历、心理健康状况等。其中，学业成绩不仅要记录每学期的课程成绩，还应包括学分获取情况、成绩排名等详细信息，以便辅导员全面了解学生的学习状况，及时发现学习困难的学生并给予针对性的指导。奖惩情况则要详细记录学生获得的各类奖项和荣誉，以及因违规违纪受到的处分，这对于激励学生积极进取和规范学生行为具有重要意义。社会实践经历的记录能够反映学生的综合素质和社会适应能力，为辅导员引导学生参与社会实践活动提供参考。心理健康状况档案则尤为重要，它记录了学生在心理健康测评、心理咨询过程中的相关信息，有助于辅导员及时发现学生的心理问题并采取有效的干预措施，保障学生的心理健康。

活动记录是对辅导员工作室组织开展的各类学生活动的详细记载，包括活动策划书、活动通知、活动照片、活动总结等资料。这些记录不仅能够直观地展现工作室的工作成果和学生的参与情况，还为后续活动的策划和组织提供了宝贵的经验借鉴。通过对活动记录的分析，辅导员可以总结活动的优点和不足之处，不断优化活动方案，提高活动的质量和效果。

工作计划和总结报告是辅导员工作室对一定时期内工作的规划和反思。工作计划应明确工作目标、工作任务、工作措施以及时间安排等内容，为工作室的日常工作提供清晰的指导方向。总结报告则要对工作的完成情况、取得的成绩、存在的问题以及改进措施进行全面的梳理和分析，有助于工作室及时调整工作策略，提升工作水平。为了实现档案资料的高效管理和便捷利用，辅导员工作室应建立先进的电子档案管理系统。该系统应具备完善的分类、检索和存储功能，能够将各类档案资料按照不同的类别和属性进行科学分类，方便辅导员快速准确地查找所需信息。例如，通过设置关键词检索功能，辅导员可以根据学生姓名、学号、活动主题等关键词迅速定位到相关的档案资料。

（二）行为规范与职责划分

1. 职业道德与行为规范

在高等教育领域，辅导员工作室的高效运作依赖于一套明确且严格的职业道德与行为规范体系。这一体系不仅是辅导员个人职业素养的集中体现，更是维护教育公平、保障学生健康成长的重要基石。

辅导员作为学生教育和管理的核心主体，其职业道德的重要性不言而喻。秉持高度的职业道德，意味着辅导员要将教育事业视为神圣的使命，将学生的成长与发展置于首位。公正无私地对待每一位学生，是职业道德的基本要求。在学生群体中，个体差异广泛存在，涵盖了家庭背景、学习能力、性格特点等多个方面。辅导员应摒弃任何形式的偏见与歧视，无论学生的出身贫富、成绩优劣、性格内向或外向，都给予平等的关注与尊重。这种公正无私的态度，不仅能够赢得学生的信任与尊重，更能为学生营造一个公平、和谐的学习与成长环境。

行为规范进一步细化了辅导员在日常工作中的具体要求。尊重学生的个性差异，要求辅导员深入了解每一位学生的独特之处，包括他们的兴趣爱好、优势特长以及潜在的发展需求。通过与学生的密切沟通和观察，辅导员能够敏锐地捕捉到学生的个性特征，为个性化教育提供依据。例如，对于具有艺术天赋的学生，辅导员可以积极引导他们参与相关的艺术活动和社团组织，为其提供展示才华的平台；对于性格内向的学生，辅导员则应给予更多的耐心与鼓励，帮助他们逐步打开心扉，融入集体生活。

关注学生的成长和心理需求是辅导员工作的重中之重。学生在大学期间正处于身心快速发展的关键时期，面临着学业压力、人际关系、职业规划等多方面的挑战，这些都可能对他们的心理健康产生影响。辅导员需要时刻保持敏锐的洞察力，关注学生的情绪变化和行为表现，及时发现潜在的心理问题。例如，当学生出现成绩下滑、情绪低落、社交退缩等情况时，辅导员应主动与学生沟通，了解其内心的困惑与压力，提供必要的心理支持与引导。这不仅要求辅导员具备扎实的心理学知识和沟通技巧，更需要他们付出真诚的关爱与耐心。

公平公正地处理学生问题是辅导员职业道德与行为规范的重要体现。在学生的学习和生活中，难免会出现各种冲突和矛盾，如同学之间的纠纷、师生之间的误解等。在处理这些问题时，辅导员必须秉持客观、公正的态度，全面了解事情的来龙去脉，不被表面现象所误导，不偏袒任何一方。同时，辅导员要运用科学合理的方法，引导学生通过理性对话和协商解决问题，培养学生的问题解决能力和人际交往能力。例如，在处理学生之间的冲突时，辅导员可以组织双方进行面对面的沟通，让他们各自表达自己的观点和感受，引导他们换位思考，理解对方的立场，从而达成和解。

始终保持职业操守，是辅导员在工作中必须坚守的底线。这包括遵守教育行业的法律法规、保守学生的个人隐私、维护教育的公正性和权威性等方面。辅导员要严格遵守国家的教育政策和学校的规章制度，不利用职务之便谋取私利；对于学生的个人信息和隐私，要严格保密，确保学生的合法权益不受侵犯；在教育教学活动中，要始终坚持真理，传播正确的价值观和思想观念，为学生树立良好的榜样。

2. 工作态度与职责要求

在辅导员工作室的管理架构中，工作态度与职责划分是影响管理效果的关键因素。这两个方面相互关联、相辅相成，共同塑造了辅导员团队的工作效能和服务质量。

辅导员的工作性质决定了他们需要具备积极主动、认真负责的工作态度以及高度的责任心与服务意识。积极主动意味着辅导员不能仅仅满足于被动地应对学生的问题和需求，而是要主动深入学生中去，了解他们的学习、生活和思想状况。通过定期走访学生宿舍、组织主题班会、开展个别谈心等方式，及时发现学生在成长过程中遇到的困难和问题，并提前制定相应的解决方案。例如，在新学期开学之初，辅导员可以主动与学生交流，了解他们对新学期课程的适应情况，对于可能存在学习困难的学生，提前安排学习帮扶计划。

认真负责要求辅导员对待每一项工作任务都要严谨细致，确保工作的准确性和高质量。无论是学生的日常管理工作，还是重要的教育活动组织，辅导员都要全身心地投入，精心策划、认真实施、及时总结。例如，在组织一场大型的校园文化活动时，辅导员要从活动的策划方案制定、场地布置、人员安排到活动现场的组织协调，每一个环节都要认真把关，确保活动的顺利进行，为学生提供一个丰富多彩、富有教育意义的活动体验。

高度的责任心是辅导员工作的核心驱动力。学生在大学期间正处于人生的重要转折期，他们的成长和发展离不开辅导员的悉心引导和关怀。辅导员要将学生的成长视为自己的责任，时刻关注学生的身心健康和全面发展。当学生遇到困难时，辅导员要第一时间伸出援手，给予他们支持和帮助；当学生取得成绩时，辅导员要及时给予肯定和鼓励，激发学生的学习动力和自信心。

服务意识是辅导员工作态度的重要体现。辅导员要将学生视为服务的对象，以满足学生的需求为工作的出发点和落脚点。这意味着辅导员要耐心倾听学生的诉求，为他们提供及时、有效的服务。无论是解答学生的学业问题，还是帮助学生解决生活中的困难，辅导员都要以热情、周到的服务态度对待每一位学生，让学生感受到学校的关爱和温暖。

职责划分是确保辅导员工作室高效运作的重要保障。每位辅导员应根据自身的专业背景和特长，明确各自的工作任务与领域。这种专业化的分工有助于充分发挥辅导员的优势，提高工作的针对性和实效性。例如，负责思想政治教育的辅导员，需要深入研究党的教育方针政策以及大学生思想政治教育的规律和方法。他们要组织各类形式多样、内容丰富的思想教育活动，如主题演讲比赛、红色文化讲座、社会实践活动等，通过这些活动引导学生树立正确的世界观、人生观和价值观，增强学生的社会责任感和使命感。同时，他们还要关注学生的思想动态，及时发现和解决学生在思想政治方面存在的问题，为学生的成长提供正确的思想引领。

专注于学业辅导的辅导员，需要与各学科教师保持密切的沟通与合作。他们要了解学生的课程学习情况，掌握学生在学习过程中遇到的困难和问题。根据学生的实际情况，为他们制定个性化的学习计划，提供学习方法指导和学习资源推荐。如针对学习基础薄弱的学生，组织学习互助小组，帮助他们提高学习成绩；对于有考研需求的学生，提供考研信息咨询和备考指导服务。

侧重于心理健康辅导的辅导员，需要具备扎实的心理学专业知识和心理咨询技能。他们要定期开展心理健康讲座，向学生普及心理健康知识，增强学生的心理健康意识。同时，为学生提供个别心理咨询服务，帮助学生解决在学习、生活、情感等方面遇到的心理困扰。通过心理测评、心理辅导等方式，及时发现有心理问题倾向的学生，并采取有效的干预措施，预防心理危机事件的发生，保障学生的心理健康。

明确的职责划分不仅有助于提高工作效率，避免工作中出现推诿和重复劳动的现象，还能使每位辅导员在自己擅长的领域深入钻研，不断提升专业素养和工作能力。通过合理的分工与协作，辅导员工作室能够形成一个有机的整体，确保各项任务有序推进，为学生提供全方位、高质量的教育和管理服务。

二、制度执行与监督机制

（一）制度执行的可操作性

1. 制度的实际操作性

制度的可操作性在其有效执行过程中占据着核心地位，是决定制度能否真正落地并发挥预期作用的关键因素。从管理学理论来看，制度的可操作性直接关系到组织运行的效率与效果，它是连接制度设计理念与实际工作实践的桥梁。

制度条文的具体明确性是可操作性的基础。一套具有实际操作价值的制度，其条文应避免模糊不清或模棱两可地表述。这要求制度制定者在撰写条文时，使用精准、规范的语言，确保每一项规定都能被清晰理解。操作流程和标准的清晰界定则是制度可操作性的核心要素。一个完善的操作流程应涵盖从制度启动到结束的每一个环节，明确每个环节的具体任务、执行主体以及先后顺序；而标准则为各项任务的完成设定了明确的质量要求和衡量尺度。

辅导员工作室在制定制度时，紧密结合实际工作需求是确保制度可操作性的关键原则。过于抽象的规定往往缺乏具体的行动指引，导致执行者在实际工作中难以把握方向；而过于复杂的规定则可能增加执行成本，降低工作效率，甚至使执行者产生畏难情绪，影响制度的有效执行。以奖助学金评定制度为例，这一制度涉及学生的切身利益，其公平、公正、透明的执行至关重要。在评定条件和标准方面，不仅要明确诸如学习成绩、综合素质测评、家庭经济状况等基本要求，还应进一步细化量化这些指标。例如，对于学习成绩，规定具体的绩点要求；对于综合素质测评，详细列出各项加分和减分项目及其权重。在操作流程上，从学生申请环节开始，应明确规定申请的格式、内容以及提交的方式和时间。班级民主评议环节，要详细说明评议小组的组成、评议的程序以及记录方式。在审核环节，明确不同层级审核的内容和重点，如辅导员初审、学院评审委员会复审等，每个环节都要规定责任人以及完成的时间节点。通过这种详细、具体的流程设计，确保每一项工作在执行时都有章可循，避免出现工作环节的疏漏或职责不清的情况。

2. 制定操作指南

为了进一步提升辅导员对制度的理解和执行能力，辅导员工作室制定操作指南或实施细则是一项具有重要意义的举措。操作指南作为制度的细化和补充，旨在为制度执行提供更为详细、具体的指导，使抽象的制度条文转化为实际工作中的具体行动步骤。

操作指南应针对每项制度的特点，详细阐述其具体操作流程和实际应用方法。以经费管理制度为例，预算编制环节是经费合理使用的前提。操作指南应明确规定预算编制的依据，如根据工作室的工作计划、项目安排以及历史经费使用情况等进行综合考量。同时，详细说明预算编制的格式和内容要求，包括各项经费的分类、预算金额的计算方法以及预算调整的条件和程序。

在报销流程方面，操作指南要清晰列出报销所需的各类凭证、填写规范以及提交的时间和地点。明确报销的审批流程，从辅导员提交报销申请，到工作室负责人审核，再到财务部门最终审批，每个环节都要详细说明审批的要点和时间限制。对于审批权限，要根据经费的额度和性质，明确不同级别负责人的审批范围，避免出现越权审批或审批流程混乱的情况。

为了使操作指南更具实用性和可理解性，通过实际案例说明每一环节的具体执行步骤是一种有效的方式。例如，提供一个完整的项目经费报销案例，从项目启动时的预算编制，到项目实施过程中的各项费用支出及凭证收集，再到最终的报销申请和审批通过，详细展示每个环节的操作细节和注意事项。这样，辅导员在实际工作中遇到类似情况时，能够直接参考案例，快速准确地完成相应的工作任务。

定期开展制度培训和学习活动是确保辅导员熟悉制度细则并准确执行的重要保障。培训活动应采用多样化的形式，如专题讲座、案例分析、小组讨论等，以满足不同学习风格辅导员的需求。在培训内容上，不仅要对制度条文进行详细解读，还要结合实际工作中的常见问题进行分析和解答，帮助辅导员深入理解制度的内涵和要求。通过定期的培训和学习活动，营造一个良好的制度学习氛围，使辅导员能够及时掌握制度的更新和变化，不断提升制度执行的准确性和规范性，从而保障辅导员工作室各项工作的顺利开展。

（二）监督机制的落实与完善

1. 内部监督机制

在辅导员工作室的管理体系中，内部监督机制犹如人体的免疫系统，对于确保制度的顺利执行、维护工作室的正常运转起着至关重要的作用。从管理学的理论深度来看，内部监督是组织自我约束、自我完善的关键环节，它有助于及时发现并纠正制度执行过程中的偏差，保障组织目标的实现。

设立专门的监督小组是构建内部监督机制的核心举措。这一监督小组应具备独立性和专业性，成员需经过严格筛选，涵盖不同工作领域、具有丰富经验和专业知识的人员，以确保能够从多个维度对工作室的各项工作进行全面监督。

监督小组的一项重要职责是对各项制度的执行情况进行定期检查。以学生档案管理制度为例，其执行情况的监督涵盖多个关键层面。其一，档案管理的规范性，包括档案整理的流程是否遵循既定标准，分类是否科学合理，编号是否清晰有序等。其二，档案资料的及时归档也是监督重点，确保学生的各类信息，如成绩记录、奖惩情况、思想汇报等，在规定时间内准确无误地归入相应档案。其三，文件资料的完整性同样不容忽视，检查每份档案是否包含必要的文件，有无遗漏重要信息，保证档案能够全面、准确地反映学生的在校情况。通过对这些方面的严格检查，确保档案管理制度得到一丝不苟地执行，为学生管理工作提供坚实的数据支撑和信息保障。其四，对辅导员工作情况的定期评估也是内部监督的重要内容。

教学效果是评估的核心指标之一，这不仅涉及辅导员所承担课程的学生成绩分布情况，更要深入考查学生在知识掌握、能力提升以及思维拓展等方面的综合表现。

学生反馈作为直接反映辅导员工作成效的重要依据，监督小组应通过问卷调查、学生座谈会、个别访谈等多种形式，广泛收集学生对辅导员在教学方法、沟通能力、关心学生程度等方面的意见和建议。活动组织能力也是评估的关键维度，从活动策划的创新性、可行性，到活动实施过程中的组织协调能力，再到活动结束后的总结反馈效果，全面考量辅导员在组织各类学生活动中的表现。通过这种全方位、多层次的评估，确保工作室各项制度在辅导员的日常工作中得到有效落实，激励辅导员不断提升工作质量和专业素养。

2. 外部监督机制

在辅导员工作室的监督体系中，外部监督机制是不可或缺的重要组成部分，它与内部监督相互补充、协同发力，共同为制度的有效执行和工作室的健康发展保驾护航。从更广泛地组织管理视角来看，外部监督能够引入多元的视角和标准，促使工作室在更广阔的环境中审视自身的工作，从而不断优化和完善。

学校的学生工作部门和纪检部门在外部监督中扮演着关键角色。学生工作部门凭借其对全校学生工作的宏观把控和深入了解，能够从整体战略和工作导向的层面，对辅导员工作室的各项活动进行检查和指导。他们可以依据学校的学生工作规划和目标，评估工作室的工作是否与之契合，是否在学生思想政治教育、日常管理、素质拓展等方面发挥了应有的作用。纪检部门则侧重于从纪律和规范的角度，对工作室活动的合规性进行监督。检查工作室在经费使用、评优评先、招生就业等关键环节是否严格遵守学校的规章制度和国家的法律法规，杜绝任何违规违纪行为的发生。这种不定期的检查和指导，能够从全校层面确保工作室活动的规范性，使工作室始终沿着正确的方向前进。

鼓励学生参与监督是外部监督机制的重要创新举措。学生作为辅导员工作室工作的直接受众，他们对工作室活动的实际效果和存在问题有着最直接、最真实地感受。设立意见箱、举报邮箱等多样化的监督渠道，为学生提供了一个便捷、安全的反馈平台。学生可以通过这些渠道，对工作室活动中的不当行为，如辅导员的不公平对待、活动组织的混乱无序、信息传达的不及时不准确等问题进行反馈。工作室应高度重视学生的反馈信息，建立专门的处理机制，及时对学生反映的问题进行调查核实，并将处理结果及时反馈给学生。

3. 问题整改与闭环管理

监督机制的有效性不仅体现在问题的发现上，更关键的在于对发现问题的及时整改以及形成闭环管理，这是推动辅导员工作室持续发展和提升的核心动力。从质量管理的专业理论来讲，闭环管理是一种科学、系统的管理方法，它通过不断地循环往复，对管理过程中的各个环节进行优化和完善，从而实现整体管理水平的螺旋式上升。

当监督机制发现问题后，及时整改是首要任务。整改过程应具备明确的目标、详细的计划和严格的执行标准。工作室需针对每个问题进行深入分析，找出问题产生的根源，制定切实可行的整改措施。例如，如果发现学生档案管理存在信息缺失的问题，整改措施可能包括完善档案收集流程、加强对档案管理人员的培训、建立档案审核机制等。整改计划应明确责任主体、时间节点和预期效果，确保整改工作能够有条不紊地推进。

将整改结果反馈给工作室成员和相关部门是闭环管理的重要环节。这一反馈过程不仅是对整改工作的总结和汇报，更是为了让所有相关人员了解问题的解决情况，增强团队成员的责任意识和参与感。通过及时反馈，工作室成员可以从中吸取经验教训，避免在今后的工作中出现类似问题；相关部门也能够根据反馈信息，对工作室的整体工作进行更有效的指导和支持。定期召开会议对整改情况进行评估是闭环管理的关键步骤。在会议上，不仅要对整改措施的执行情况进行检查，确保各项措施得到有效落实，还要对整改效果进行全面评估，判断问题是否得到彻底解决。通过深入分析整改过程中遇到的困难和问题，总结成功经验和失败教训，为今后的工作提供宝贵的参考。这种基于实践的经验总结和反思，能够不断优化工作室的管理制度和工作流程，提高整体的管理水平和服务质量。

第三节　运营过程中的资源整合与管理

一、资源整合的策略与方法

（一）人力、物力与财力的合理调配

1. 人力资源的合理调配

在辅导员工作室的高效运作体系中，人力资源的合理调配是核心驱动力，它犹如精准的指挥棒，引导着团队发挥出最大的效能。从组织行为学和人力资源管理的专业视角来看，合理的人员调配能够实现人才与岗位的最佳匹配，充分激发个体的潜能，进而提升整个团队的绩效。

依据辅导员的专业背景、兴趣和特长进行科学合理的人员调配，是工作室高效运营的基石。辅导员队伍是一个多元化的群体，每个人都具备独特的知识结构、技能水平和兴趣爱好。在组织复杂或专业性强的活动时，精准匹配具备相关专业知识的辅导员至关重要。以科技创新活动为例，此类活动需要深厚的科技知识储备、敏锐的创新思维以及丰富的实践经验作为支撑。选择有科技创新背景或相关经验的辅导员担任策划与执行责任人，能够从活动的策划构思阶段就融入专业元素，确保活动主题紧密贴合科技发展前沿，活动内容具有深度和广度，活动形式富有创新性和吸引力。在策划过程中，他们能够运用专业知识设计出具有挑战性和启发性的

项目，引导学生积极参与、深入探索。在执行阶段，凭借丰富的实践经验，他们可以有效地组织活动流程，及时解决活动中出现的各种技术问题，保障活动的顺利开展，从而提升活动的质量和效果，为学生提供高质量的学习和实践平台。

鼓励辅导员之间进行团队合作和知识分享是提升工作室整体效能的重要举措。团队合作能够整合各方资源，形成强大的协同效应，使工作室在面对复杂问题时能够迅速汇聚集体智慧，找到最佳解决方案。通过定期开展团队建设活动，营造积极向上、团结协作的工作氛围，增强辅导员之间的信任与默契。例如，组织户外拓展活动，通过各种团队挑战项目，让辅导员们在实践中相互支持、相互配合，增进彼此之间的了解和友谊。

专题研讨会则为辅导员提供了一个思想碰撞、知识交流的平台。在研讨过程中，不同专业背景的辅导员围绕特定主题展开深入探讨，分享各自领域的前沿知识、实践经验和研究成果。这种跨学科的交流能够拓宽辅导员的视野，打破学科壁垒，激发创新思维，为解决实际工作中的问题提供多元化的思路和方法。

跨学科合作项目则是将团队合作和知识分享落到实处的有效途径。通过开展跨学科合作项目，辅导员们需要共同面对复杂的综合性问题，运用各自的专业知识和技能，协同制定解决方案。在这个过程中，他们不仅能够提升自身的综合能力，还能培养团队协作精神和沟通协调能力。通过这些方式，辅导员工作室能够形成一个有机的整体，成员之间相互学习、相互促进，实现知识共享和能力互补，进一步提升工作室的整体效能，为学生提供更加全面、优质的教育服务。

2. 物力资源的合理调配

在辅导员工作室的日常管理中，物力资源的合理调配是保障工作顺利开展、提高资源利用效率的关键环节。从资源管理理论的角度出发，科学合理地规划和配置物力资源，能够实现资源的最大化利用，降低运营成本，提升工作室的整体效益。

合理规划工作室场地的使用是提高物力资源利用率的基础。工作室场地作为开展各项工作的物理空间，其功能布局直接影响着工作效率和学生体验。需要根据工作室的功能需求，对场地进行科学划分，设置不同的功能区域，如办公区、学生活动区、资料存储区等。办公区应注重舒适性和功能性，合理安排办公桌椅、电脑等设备的摆放，为辅导员提供一个安静、整洁、高效的工作环境，有助于提高办公效率。学生活动区则要充分考虑学生的活动需求，空间设计应灵活多样，配备相应的活动设施，如会议桌椅、展示架等，以满足举办各类学生活动的需要，如座谈会、讲座、小组讨论等。资料存储区要具备良好的存储条件，确保文件、书籍、资料等的安全存放，便于辅导员和学生查阅使用。

工作室应根据实际需求进行设备配备，确保设备与活动需求精准匹配。不同类型的活动对设备有着不同的要求，例如，在举办学术报告或展示活动时，高质量的投影仪、音响设备等多媒体设施是必不可少的。这些设备能够清晰地展示报告内容，营造良好的视听效果，增强活动的吸引力和影响力。又如，在开展实践教学活动时，需要配备相应的实验设备和工具，以满足学生动手实践的需求。在设备配备过程中，要充分考虑设备的性能、质量、价格等因素，进行综合评估和选择，确保所配备的设备既能满足活动需求，又具有较高的性价比。

定期进行设备的检查和维护是保证设备始终处于良好运转状态的关键。设备在长期使用过程中难免会出现磨损、故障等问题，若不及时进行检查和维护，不仅会影响设备的正常使用，还可能缩短设备的使用寿命，增加设备更新成本。因此，建立完善的设备检查和维护制度至关重要。制定详细的设备检查计划，定期对设备进行全面检查，及时发现潜在问题并进行修复。同时，加强对设备维护人员的培训，提高其专业技能和维护水平，确保设备维护工作的质量和效率。此外，明确设备管理职责，建立设备使用登记制度，规范设备的借用、归还流程，确保设备使用的规范性与安全性。

3. 财力资源的合理调配

财力资源的有效管理是辅导员工作室实现可持续发展的重要保障，它如同工作室运行的血脉，为各项工作的开展提供必要的资金支持。从财务管理的专业领域来看，合理的财务规划和严格的预算执行是确保工作室资源优化配置、高效运作的核心环节。

科学制定预算计划是财力资源合理调配的首要任务。辅导员工作室应根据自身的工作目标和年度工作计划，详细列出各项经费支出项目，制定全面、细致的年度预算。预算编制过程需要充分考虑工作室的各项工作需求，包括但不限于学生活动组织、辅导员培训提升、办公设备购置与更新、资料采购等方面。例如，在学生活动经费预算方面，要根据计划举办的活动类型、规模和频率，准确估算活动所需的场地租赁、物资采购、嘉宾邀请等费用。对于辅导员培训经费，要结合工作室的发展需求和辅导员的专业成长规划，确定培训课程、培训师资以及培训地点等因素，合理安排培训费用预算。办公设备购置预算则要根据设备的使用状况和更新需求，综合考虑设备的性能、价格等因素，确保预算的合理性和准确性。通过科学合理的预算编制，能够明确工作室在一定时期内的经费使用方向和规模，为后续的经费管理提供明确的依据。

在预算执行过程中，严格控制经费支出是确保财力资源合理使用的关键。工作室应建立健全的经费审批制度，明确经费支出的审批流程和权限，确保每一笔经费支出都经过严格的审核和批准。在支出过程中，严格按照预算项目和金额进行开支，杜绝超预算支出和不合理支出。例如，对于活动经费的使用，要严格按照活动预算进行物资采购和费用支付，避免铺张浪费；对于培训经费，要确保培训内容与预算安排相符，防止出现培训资源闲置或浪费的情况。同时，加强对经费支出的监督和管理，定期对经费使用情况进行检查和分析，及时发现并纠正预算执行过程中出现的问题。

定期检查和评估预算执行情况是优化财力资源调配的重要手段。通过定期对预算执行情况进行检查和评估，能够及时掌握经费的使用进度和使用效果，发现预算执行过程中存在的偏差和问题。例如，对比预算金额和实际支出金额，分析各项经费的使用是否超出预算；评估经费支出所带来的工作成果和效益，判断经费使用是否达到预期目标。根据检查和评估结果，及时调整预算执行策略，对于预算执行进度滞后的项目，分析原因并采取相应的措施加快执行进度；对于预算执行过程中发现的不合理支出，及时进行纠正和整改。

（二）内外部资源的整合与利用

1. 内部资源整合与利用

在高校教育生态系统中，辅导员工作室的内部资源整合是一项系统性工程，旨在通过优化资源配置、加强部门间协作，实现全方位育人目标。从教育管理学和协同理论的视角来看，内部资源整合能够打破部门壁垒，促进信息流通与资源共享，形成育人合力，提升高校整体教育质量。

加强辅导员工作室与学校其他部门之间的协作与沟通是内部资源整合的核心内容。在高校组织架构中，各个部门都承担着独特的教育与管理职能，只有通过紧密协作，才能为学生提供全面、优质的教育服务。

辅导员工作室与专业教学部门的合作具有重要的教育意义。专业教学部门是学生专业知识学习的主阵地，而辅导员工作室则侧重于学生的思想政治教育和综合素质培养。将两者有机结合，开展学业指导、学科竞赛等活动，能够实现思想政治教育与专业教育的深度融合，符合“三全育人”理念的要求。在学业指导方面，辅导员可以与专业教师共同制定个性化的学业规划，针对不同学生的学习情况和发展需求，提供精准的学习建议和指导。例如，对于学习困难的学生，辅导员与专业教师联合开展一对一辅导，帮助他们弥补知识短板，树立学习信心。在学科竞赛组织方面，辅导员负责学生的动员、组织和心理辅导工作，专业教师则提供专业知识和技术支持，指导学生进行竞赛项目的设计与实施。通过这种跨部门合作，学生不仅能够在专业知识上得到提升，还能在思想政治教育的引导下，树立正确的学习态度和价值观，增强对专业学习的兴趣和动力。

与学校的后勤部门、图书馆等服务部门保持紧密联系，是为学生提供良好学习和生活保障的关键。后勤部门负责学校的基础设施建设、校园环境维护以及学生生活服务等工作，其工作质量直接影响学生的学习和生活体验。辅导员工作室与后勤部门合作，可以及时了解学生在生活方面的需求和问题，并协调后勤部门采取相应措施加以解决。例如，针对学生反映的宿舍设施老化、维修不及时等问题，辅导员工作室与后勤部门沟通协调，制定维修计划，优化宿舍环境，为学生提供舒适、安全的居住条件。良好的宿舍环境有助于学生的身心健康和学习效率的提高，同时也能增强学生对学校的归属感和认同感。

图书馆作为学校的知识资源中心，拥有丰富的馆藏文献和先进的信息服务设施。辅导员工作室与图书馆合作，能够充分发挥图书馆的资源优势，开展多样化的文化活动，丰富学生的课外阅读，提升学生的文化素养。例如，共同举办读书沙龙、主题讲座等活动，邀请专家学者、优秀学生分享读书心得和研究成果，营造浓厚的校园文化氛围。在读书沙龙活动中，辅导员引导学生积极参与讨论，培养学生的批判性思维和沟通能力；主题讲座则为学生提供了接触前沿学术思想和多元文化的平台，拓宽了学生的知识面和视野。通过这些合作活动，学生能够在知识的海洋中畅游，汲取丰富的营养，实现全面发展。

2. 外部资源整合与利用

在当今开放的教育环境下，辅导员工作室的外部资源整合是拓展育人空间、提升育人效果的重要途径。从教育社会学和资源依赖理论的角度出发，积极与社会各界合作，能够引入外部优质资源，丰富教育内容和形式，为学生的成长成才创造更有利的条件。

外部资源整合侧重于与社会各界建立广泛而深入的合作关系，这是辅导员工作室实现可持续发展和创新育人模式的必然选择。

与企业建立合作关系是外部资源整合的重要方面。企业作为市场经济的主体，拥有丰富的实践资源、先进的技术设备和广阔的就业渠道。辅导员工作室与企业合作，能够为学生提供宝贵的实习、实训机会，使学生将课堂所学理论知识与实际工作相结合，提高学生的实践能力和就业竞争力。在实习基地建设方面，工作室可以与地方知名企业建立长期稳定的合作关系，根据企业的人才需求和岗位设置，有针对性地安排学生进行实习。企业为学生提供真实的工作环境和项目任务，安排经验丰富的员工担任实习导师，指导学生完成实习工作。通过实习，学生能够了解企业的运营管理模式，熟悉行业发展动态，掌握实际工作技能，为未来的职业发展做好充分准备。同时，企业还可以为学生提供职业规划指导，帮助学生明确职业目标和发展方向。企业的人力资源专家可以根据学生的专业背景、兴趣爱好和个人能力，为学生制定个性化的职业规划方案，传授求职技巧和职场经验。这种校企合作模式不仅有利于学生的成长成才，也为企业选拔优秀人才提供了渠道，实现了学校与企业的互利共赢。

与社会公益组织、环保团体等合作，组织志愿服务和社会实践活动，是培养学生社会责任感的有效方式。社会公益组织和环保团体致力于解决社会问题、推动社会进步，具有丰富的社会资源和实践经验。辅导员工作室与这些组织合作，能够引导学生走出校园，关注社会热点问题，积极参与社会实践活动，培养学生的社会责任感和公民意识。例如，与环保组织合作开展环境保护活动，学生可以参与垃圾分类宣传、植树造林、河流保护等项目，通过亲身实践，了解环境保护的重要性，掌握环保知识和技能，增强环保意识。在志愿服务活动中，学生可以走进社区、养老院、孤儿院等场所，为弱势群体提供帮助和关爱，培养学生的爱心和奉献精神。这些社会实践活动不仅丰富了学生的课余生活，也让学生在实践中锻炼了自己的能力，增强了对社会的认知和理解，促进了学生的全面发展。

引入合作伙伴对于提升辅导员工作室的社会影响力具有重要意义。通过与企业、社会公益组织等合作，辅导员工作室能够扩大自身的社会联系网络，提高在社会各界的知名度和美誉度。合作项目的开展不仅为学生提供了展示才华的平台，也展示了辅导员工作室的教育成果和创新实践。

二、资源管理的优化方案

（一）资源利用率的提升

1. 人力资源的优化利用

在辅导员工作室的管理体系中，提高人力资源利用率处于核心地位，这不仅关乎工作室的高效运转，更对学生的全面发展有着深远影响。从组织行为学和人力资源管理理论的角度来看，人力资源是组织中最具活力和创造性的因素，对其进行科学合理的开发与利用，能够显著提升组织的整体效能。

定期开展培训和学习活动是提升辅导员综合素质和业务能力的重要举措。辅导员作为学生成长道路上的重要引路人，需要具备多元化的知识和技能体系。心理咨询培训能够帮助辅导员更好地洞察学生的心理状态，及时发现并解决学生在学习和生活中面临的心理问题，为学生提供专业的心理支持和辅导。在当今竞争激烈的社会环境下，学生面临着各种压力和挑战，心理健康问题日益凸显，掌握心理咨询技巧对于辅导员来说至关重要。

团队管理培训则有助于辅导员提升组织协调能力，更好地带领学生团队开展各类活动。无论是班级管理、社团组织还是项目团队，都需要有效的团队管理策略。通过培训，辅导员能够学习到先进的团队管理理念和方法，如目标设定、角色分配、沟通协调、激励机制等，从而打造高效、和谐的学生团队，促进学生之间的协作与共同成长。

随着信息技术的飞速发展，信息技术培训也成为辅导员必备的技能提升内容。在数字化时代，信息传播方式和学生的学习生活方式都发生了巨大变化。辅导员需要掌握信息技术工具，如新媒体平台的运用、在线教育资源的整合、数据分析技术等，以便更高效地开展思想政治教育、学业指导和日常管理工作。

为辅导员提供多方面的职业发展机会，不仅是对辅导员个人成长的关注，更是提升工作室整体适应能力的关键。在高校教育环境不断变化的背景下，工作室面临着各种新的任务和挑战。通过鼓励辅导员参加各类培训、学术研究、实践项目等，能够拓宽他们的视野，丰富他们的知识储备和工作经验。当面对新的工作任务时，工作室成员凭借其多元化的专业能力，能够迅速适应并出色完成任务，确保工作室的工作能够顺利开展，为学生提供高质量的教育服务。

2. 物力资源的共享机制

建立物力资源共享机制是提高辅导员工作室物力资源利用率的关键所在，这一机制的有效运行不仅涉及资源的合理调配，更与高校整体资源管理的优化密切相关，具有重要的现实意义和理论价值。从资源管理学的角度来看，资源共享能够打破资源分散和闲置的局面，实现资源的优化配置，提高资源的使用效率，降低资源浪费。

工作室内部的办公设备和学习资料等物力资源，在满足自身需求的基础上，向其他学生团体、部门开放，是实现资源共享的重要途径。办公设备如打印机、复印机、投影仪等，在工作室的日常工作中发挥着重要作用，但在某些时间段可能会出现闲置情况。将这些设备向其他有需求的学生团体或部门开放，可以避免重复购置设备，节约学校的资金投入。同时，这也有助于促进不同学生组织之间的交流与合作，营造良好的校园资源共享氛围。

学习资料方面，工作室可能积累了丰富的图书、期刊、报告等资料，这些资料对于学生的学习和研究具有重要价值。通过建立共享机制，其他学生团体和部门的成员可以借阅或使用这些资料，拓宽学习渠道，丰富学习资源。这种共享模式不仅提高了物力资源的利用率，还能够促进知识的传播和共享，激发学生的学习兴趣和创新思维。

为了确保物力资源共享机制的有效运行，定期进行资源管理的统计和分析是必不可少的环节。通过对资源的使用情况进行详细统计，如设备的使用频率、资料的借阅记录等，可以准确了解资源的闲置情况和使用需求。例如，通过统计发现工作室的多媒体设备在每周的某些特定时间段内闲置率较高，那么工作室就可以主动与其他部门进行协调，合理安排这些设备的使用时间，提高设备的利用效率。

在分析资源管理数据的过程中，还可以发现资源配置中存在的问题，如某些设备或资料的需求过高，而现有资源无法满足；或者某些资源的配置过多，导致长期闲置浪费。针对这些问题，工作室可以及时调整资源配置策略，合理增加或减少相应资源的投入，实现资源的精准配置。同时，通过对资源共享效果的评估，如学生对共享资源的满意度、资源共享对学生学习和工作的促进作用等，不断完善资源共享机制，提高资源共享的质量和效益。

3. 财力资源的绩效管理

提升财力资源的使用效益是辅导员工作室优化管理的重要环节，涉及经费的合理规划、有效使用和科学评估，对于工作室的可持续发展和育人目标的实现具有重要意义。从财务管理理论的角度来看，绩效管理能够确保经费的使用符合组织的战略目标，提高资源的投入产出比，实现资源的最大化价值。为了确保经费支出的效益，制定经费使用效益评估机制是关键。这一机制应涵盖全面、科学的评估指标体系，对每一项经费支出进行系统、客观的绩效评估。以活动经费的使用为例，活动参与人数是一个直观反映活动吸引力和影响力的指标。较高的参与人数表明活动能够引起学生的兴趣，具有一定的覆盖面和关注度。然而，参与人数并非唯一的评估标准，还需要综合考虑学生满意度。学生满意度能够反映活动的质量和效果是否符合学生的期望，通过问卷调查、现场访谈等方式收集学生的反馈意见，了解学生对活动内容、组织形式、活动效果等方面的评价，从而全面评估活动是否满足学生的需求。

活动成果也是评估经费使用效果的重要指标。活动成果可以包括学术成果、实践成果、文化成果等多个方面。例如，在学术类活动中，学生发表的学术论文、取得的科研成果等；在实践类活动中，学生参与社会实践项目所取得的实际成效，如为社区解决实际问题、推动企业技术创新等；在文化类活动中，学生创作的文化作品、传承和弘扬的优秀文化等。这些活动成果不仅体现了活动的价值和意义，也反映了经费投入所产生的实际效益。

当活动的实际效果与预期不符时，工作室应深入反思经费的使用情况。这可能涉及活动方案的设计是否合理，是否充分考虑了学生的需求和实际情况；经费预算是否准确，是否存在资源浪费或投入不足的问题；活动组织实施过程中是否存在管理不善、执行不到位等情况。通过对这些问题的分析，工作室可以针对性地优化活动方案，合理调整经费预算，加强活动组织管理，确保在保证活动质量的前提下降低成本。

在经费使用过程中，还应注重预算控制和成本核算。制定详细的经费预算计划，明确各项活动和工作的经费额度，并严格按照预算执行。同时，加强成本核算，对每一笔经费支出进行明细记录和分析，及时发现成本超支的环节并采取措施加以控制。通过建立健全的人力资源绩效管理体系，辅导员工作室能够实现经费的科学管理和有效使用，提高财力资源的使用效益，为工作室的各项工作提供有力的资金保障，推动工作室不断发展壮大，更好地服务于学生的成长成才。

（二）成本控制与效益提升

1. 成本控制

从管理学理论角度而言，成本控制是对组织活动过程中所发生的各种耗费进行调节和限制，以保证成本管理目标得以实现的一系列活动。对于辅导员工作室来说，有效的成本控制不仅关乎经费的合理使用，更涉及人力、物力等多方面资源的优化配置。

严格按照预算执行经费管理是成本控制的基础。预算作为工作室经费使用的蓝图，明确了各项活动和工作的资金分配额度。每一笔经费支出都必须有明确的依据，这不仅是财务管理规范化的要求，更是保障经费使用合理性和透明度的必要手段。审批程序在其中扮演着至关重要的角色，它如同经费支出的“守门员”，确保每一笔资金流向都经过严格审查。特别是对于大额支出，多级审批机制尤为必要。这种机制通过层层把关，从不同层面和专业角度对支出进行评估，避免因决策失误或不当操作导致的资源浪费。例如，在采购一批价值较高的办公设备时，需要工作室负责人、财务管理人员以及相关使用部门共同参与审批，综合考量设备的必要性、性价比以及与工作室整体发展规划的契合度等因素，确保每一笔大额资金都能得到合理利用。

除了经费管理，优化工作流程也是成本控制的重要途径，它主要聚焦于时间成本和人力成本的降低。在当今数字化时代，信息技术的飞速发展为工作室工作流程的优化提供了广阔空间。以信息化手段减少纸质文件的使用，不仅符合环保理念，更能显著提高工作效率。纸质文件的处理，从起草、审核、打印、分发到存档，每一个环节都需要耗费大量的时间和人力。而通过电子文档管理系统，文件可以实现在线编辑、实时共享和快速检索，大大节省了处理时间。例如，辅导员在撰写工作计划或总结时，可以直接在电子文档中进行编辑，通过内部网络发送给相关人员进行审核和反馈，无须打印成纸质文件进行传递。同时，利用信息化平台处理学生事务，如请假申请、奖助学金申报等，辅导员可以随时随地接收和处理学生提交的信息，避免了传统方式下学生排队等待、辅导员集中处理的烦琐流程，极大地提高了工作效率，节省了宝贵的工作时间。

从更深层次来看，成本控制不仅仅是简单的费用削减，更是一种战略管理工具。通过合理的成本控制，工作室能够在有限的资源条件下，实现资源的最大化利用，为各项工作的顺利开展提供坚实保障，从而提升工作室的整体运营效率和竞争力。

2. 效益提升

从经济学原理角度分析，效益是指投入与产出之间的关系，追求效益最大化是组织管理活动的根本出发点。对于辅导员工作室而言，效益提升涵盖了多个维度，包括教育教学效益、社会效益以及工作室自身的发展效益等。

注重资源投入与产出的平衡是效益提升的关键所在。在学生活动策划过程中，这一理念尤为重要。学生活动作为工作室开展教育工作的重要载体，其质量直接关系到育人效果。优化活动的内容与形式是实现资源投入与产出平衡的重要手段。活动内容应具有较高的学术性和互动性，学术性的内容能够满足学生对知识的渴望，激发他们的学习热情，拓宽他们的知识面和视野。例如，举办专业领域的学术讲座、研讨会等活动，邀请知名专家学者进行授课和交流，让学生接触到前沿的学术思想和研究成果。互动性则强调学生的参与度和体验感，通过小组讨论、案例分析、实践操作等形式，鼓励学生积极参与活动，提高他们的实践能力和综合素质。这种精心设计的活动内容和形式，能够吸引更多学生参与，提高活动的教育意义，从而实现资源投入的最大产出。例如，在策划一次关于科技创新的活动时，不仅邀请专家进行理论讲解，还设置了科技创新项目展示、学生团队现场答辩等环节，让学生在学习知识的同时，锻炼了团队协作、沟通表达和实际操作能力。

加强工作成果的宣传与推广是提升工作室效益的重要举措。在信息传播日益便捷的今天，宣传推广的重要性不言而喻。工作室的活动和成效不仅是内部工作的体现，更是向外界展示自身价值和影响力的窗口。通过多种渠道进行宣传，如校园官网、社交媒体平台、新闻媒体报道等，可以扩大工作室的社会知名度。对于学生而言，工作室良好的社会声誉能够增强他们的归属感和自豪感，吸引更多学生积极参与工作室组织的各项活动。从社会层面来看，宣传工作室的工作成果有助于提高社会对高校学生工作的认可度，为工作室争取更多的社会资源和支持。例如，工作室在心理健康教育方面取得了显著成效，通过发布相关案例、学生反馈以及专业评估报告等内容，向社会展示工作室在解决学生心理健康问题方面的专业能力和积极贡献，吸引社会各界关注和支持高校心理健康教育事业，进一步提升工作室的影响力和社会效益。

效益提升还体现在工作室自身的可持续发展上。通过不断优化资源配置，提高活动质量和宣传效果，工作室能够吸引更多的资源投入，包括资金、人力和物力等。这些资源的注入又能够进一步支持工作室开展更多、更优质的活动，形成一个良性循环，推动工作室不断发展壮大，更好地履行其育人使命，为学生的成长成才和高校教育事业的发展做出更大贡献。

第六章 高校辅导员工作室的创新实践与案例分析

第一节 高校辅导员工作室的成功案例分析

在新时代教育发展的浪潮中，劳动教育对于高校人才培养的重要性愈发凸显。劳动不仅是创造物质财富的手段，更是塑造学生精神品格、提升综合素质的关键环节。然而，当下大学生在劳动观念和行为上存在诸多问题，如劳动认识偏差、劳动价值观功利化等。为积极应对这些挑战，“劳动铸魂”辅导员工作室应运而生，通过一系列扎实且富有成效的举措，为高校劳动教育的深入开展提供了宝贵的经验借鉴。

一、案例的时代背景与重要意义

（一）契合国家教育战略的迫切需求

我国致力于培养德智体美劳全面发展的社会主义建设者和接班人，劳动教育是其中不可或缺的一环。在物质生活日益丰富的今天，劳动教育曾一度被边缘化。一方面，社会不良风气的侵蚀使学生对劳动的理解局限于体力付出，将其视为一种负担，忽视了劳动在个人成长和社会发展中的多元价值；另一方面，劳动目的的功利化倾向严重，学生过度关注劳动带来的物质回报和职业收益，而忽略了劳动对意志品质的磨炼、技能提升以及人格塑造的重要作用。这不仅导致大学生劳动积极性受挫，参与度降低，更使劳动教育的本质意义难以彰显，劳动价值被严重低估。因此，加强劳动教育，引导学生树立正确的劳动观念，成为落实党的教育方针、实现教育战略目标的迫切任务。

（二）深化高校思想政治教育的关键路径

劳动教育与思想政治教育紧密相连，是思想政治教育的重要内容和有效载体，贯穿于学生成长的全过程。从课堂学习的知识积累，到团学活动中的团队协作；从学术科研的探索创新，到文体活动的积极参与；从寝室生活的自我管理，到家庭教育中的实践锻炼，再到社会活动中的责任担当，劳动教育无处不在。高校作为培养学生劳动精神和素养的重要场所，辅导员凭借与学生密切的联系和独特的教育优势，成为推动劳动教育的核心力量。通过精心组织和指导劳动教育活动，能够激发学生的劳动热情，培育奉献精神，为培养社会主义事业的合格接班人奠定坚实的思想基础。

（三）推动高校辅导员专业发展的必然选择

当前，高校劳动教育在实施过程中存在诸多问题，如“有劳无教”“有教无劳”以及“劳动与教育脱节”等现象，严重影响了劳动教育的质量和效果。为实现劳动与教育的深度融合，辅导员需要不断提升自身的专业素养和综合能力。这要求辅导员将劳动理论知识与实践经验相结合，全面融入学生教育管理的各个环节，通过持续学习、实践探索、总结反思和优化完善，积累丰富的工作经验，并形成具有推广价值的科研成果。同时，辅导员工作室作为一个多元化、专业化、职业化的学习交流平台，打破了传统辅导员工作的局限，促进了跨学科、跨学院、跨地域、跨学校、跨行业的交流与合作，为辅导员的专业成长提供了更广阔的空间和更高效的途径。

二、案例的实施过程与显著成效

“劳动铸魂”辅导员工作室成立于2022年5月，作为校级重点建设的辅导员工作室，经过不懈努力，于2023年荣获“JH市青年文明号”称号。工作室以充分发挥劳动的育人功能为核心目标，以各类社会实践活动为主要阵地，大力推进志愿服务工作，积极促进劳动教育与思政教育、专业教育、创新创业教育的有机融合，将耕读教育与服务乡村振兴紧密结合，鼓励学生参与各类双创比赛和职业技能竞赛，全力推动“学园、农园、工园、家园、社区”（简称“五园”）建设，构建了项目化、活动化的劳动教育创新模式。

（一）强化顶层设计，全面融入人才培养体系

制定系统的实施方案：工作室结合A大学各专业特点和人才培养需求，制定了《A大学劳动教育实施方案》。该方案将劳动教育全面纳入各专业人才培养方案，紧密结合新产业、新业态发展趋势，依托实习实训和社会实践平台，针对不同专业制定了具有综合性、实践性、开放性和针对性的劳动教育体系。同时，以劳动教育目标和内容要求为依据，建立了科学完善的学生劳动素养评价标准、程序和方法，充分利用大数据、云平台、物联网等现代信息技术手段，对劳动教育过程进行实时监测与评价，有效发挥了评价的育人导向和反馈改进功能。

优化综合素质测评办法：对《A大学学生综合素质测评办法》进行了修订完善，目前已形成4.0版本。在新的测评办法中，劳动教育部分占比提升至12%，涵盖“劳动实践活动”“志愿服务时长”“劳动技能课程成绩”和“劳动素养互评”四个方面。以学生参与生活劳动、社会劳动、实习实训等实际情况为测评依据，进一步细化了劳动教育的内涵和评价标准，充分体现了劳动教育在学生综合素质评价中的重要地位。

构建全方位评价体系：工作室构建了“四方四维全要素”评价体系，

从劳动活动、劳动项目、劳动课程、劳动成果四个方面，分别从知劳动、会劳动、爱劳动、创劳动四个维度对学生进行全面评价。这一评价体系旨在引导大学生不仅要积极参与劳动实践，还要深入理解劳动的价值和意义，培养正确的劳动观念；不仅要提升劳动技能，还要锤炼劳动品质，在劳动中体验艰辛、收获快乐，实现全面发展。

（二）搭建多元载体平台，立体推进劳动教育实施

工作室通过成立“劳动铸魂”辅导员工作室、创立“勤耕社”劳育社团、设立班级劳动委员以及建立劳动教育实践基地等方式，构建了四级联动的立体化劳育活动组织模式，营造了全员参与、崇尚劳动的浓厚氛围。截至目前，工作室共举办校级劳育活动 25 场，院级活动 40 场，班级活动 100 余场，其中涉及中外学生交流活动 5 场，覆盖学生人数达到 18 000 余人次，学生参与满意度达到 98%以上。

“劳动铸魂”辅导员工作室：该工作室汇聚了来自不同学院和部门的 25 位骨干教师，他们在劳动教育、专业教育、思政教育、党团建设、心理健康教育、学术科研等多个领域具备深厚的专业素养和丰富的实践经验。同时，吸引了 300 余名来自全校各专业的优秀学生积极参与，形成了师生携手、共同成长的良好局面。工作室拥有专属的标识（LOGO），象征着其独特的使命和理念。独立的工作场所为日常活动的开展提供了有力保障。在制度建设方面，工作室建立了完善的管理体系，明确了每位成员的职责分工，制定了详细的工作计划和目标，致力于创新教育理念、整合教育资源，打造具有示范引领作用的劳动教育工作模式。

创立“勤耕社”劳育社团：为进一步扩大劳动教育的影响力，工作室成立了校级劳育社团——“勤耕社”。社团以“传承劳动精神，培育时代新人”为宗旨，目前拥有社员 400 余人，平均每月开展 3 次丰富多彩的活动。通过组织各类劳动实践、文化交流和志愿服务活动，让学生在亲身参与中深刻感悟劳动的价值和意义，激发学生积极向上的精神动力，引导学生树立正确的人生观和价值观。

设立班级劳动委员：工作室在每个班级设立劳动委员，负责组织、策划和实施班级内的劳动教育活动。劳动委员不仅要积极引导同学们参与日常劳动实践，还要协助辅导员开展劳动教育评价工作，充分调动了全班同学参与劳动教育的积极性和主动性，实现了全员育人的良好效果。

建立劳动教育实践基地：工作室与B企业、C农场、D社区等单位合作，建立了多个劳动教育实践基地。这些基地涵盖了工业生产、农业种植、社区服务等多个领域，为学生提供了丰富多样的劳动实践机会。学生在实践基地中参与生产劳动、技术研发、社区建设等活动，将理论知识与实践相结合，不仅提高了劳动技能，还增强了社会责任感和使命感。

（三）构建“五位一体”育人体系，全面深化劳动教育内涵

工作室依据教育部相关文件精神，结合时代发展需求和大学生特点，创新性地提出了劳动教育“五位一体”育人体系，包括“生活性劳动、生产性劳动、服务性劳动、创新性劳动和劳动文化建设”五个方面，全面覆盖学生学习生活的各个领域，为培养学生的综合劳动素养提供了有力支撑。

1. 生活性劳动

注重培养学生的责任意识和独立生活能力，引导学生在校内积极参与文明寝室建设，营造整洁、有序、和谐的生活环境；鼓励学生在家主动承担家务劳动，增强家庭责任感。同时，在学生公寓开展系列劳育主题活动，如“最美寝室”评选、生活技能大赛等，营造浓厚的劳动文化氛围，提升学生的劳动素养。此外，工作室还推出“劳动精神驿站”系列活动，将心理学与园艺学相结合，通过组织学生参与园艺种植、养护等活动，帮助学生缓解学习压力，调节心理状态，促进身心健康发展。

2. 生产性劳动

遵循“理论与实践相结合，从生产中来，到生产中去”的原则，以学校的实验农场、校内“五园”以及合作企业的生产车间为劳动教育基地，利用自主研发的“智慧劳动教育管理平台”，对学生的劳动实践过程进行全程记录和评价。学生在基地中参与农作物种植与养护、农产品加工、工业产品生产等生产性劳动项目，通过实际操作，提高了分析问题、解决问题的能力以及应用专业技术的水平。经过持续的劳动教育和实践锻炼，学生的责任心明显增强，学习的主动性和积极性显著提高。据统计，2023年、2024年学生前往劳动基地参与实践的次数相比2022年分别增长了50％、65％。

3. 服务性劳动

在校内，开展“校园环保行动”“文明校园创建”“助老扶幼志愿服务”等日常志愿活动，平均每月开展5次，累计参与人次达到8 000余人次，培养学生的社会责任感和奉献精神；在校外，鼓励学生利用专业知识和技能，参与社区服务、文化传承、科普宣传等活动，如“社区义务维修”“文化遗产保护宣传”“科普下乡”等，受众人数达到4 000余人次。此外，工作室充分利用寒暑假时间，组织学生参与社会实践活动，依托学校与地方政府、企业建立的合作平台，引导学生深入E地区、F乡村等地，参与乡村振兴项目，为地方经济社会发展贡献力量。

4. 创新性劳动

高度重视培养学生的创新精神和实践能力，鼓励、支持和引导学生积极参与各级各类职业技能竞赛、创新创业大赛等活动，如“挑战杯”大学生课外学术科技作品竞赛、“互联网＋”大学生创新创业大赛、“智能制造大赛”等。工作室为学生提供专业的指导和培训，帮助学生将创新思维与劳动实践相结合，提高学生的劳动技能和创新创业能力。

5. 劳动文化建设

注重劳动文化的传承与创新，通过开展形式多样的文化活动，营造浓厚的劳动文化氛围。举办“劳动模范事迹展”“劳动文化主题讲座”“劳动诗词朗诵会”等活动，弘扬劳模精神、劳动精神和工匠精神，引导学生树立正确的劳动价值观；开展“劳动之星”“最美劳动者”评选活动，选树劳动教育先进典型，宣传他们的优秀事迹，激励广大学生向榜样学习；组织学生参与劳动文化作品创作，如绘画、书法、摄影、征文等，以艺术的形式展现劳动之美，丰富学生的精神文化生活。

三、启示与借鉴

（一）强化引导，提升劳动认同

“劳动铸魂”辅导员工作室以“五位一体”劳动教育体系为指导，以丰富多样的社会实践和志愿服务活动为依托，推动劳动教育常态化、生活化。通过引导学生在理论学习的基础上，积极参与各类实践活动，如社区志愿服务、企业实习、科研项目实践等，使学生在亲身经历中深刻理解劳动的价值和意义，将课堂所学知识与实践紧密结合，提升劳动知识和技能水平。在实践过程中，注重培养学生的独立人格和面对挫折的坚韧毅力，引导学生树立正确的劳动观念，实现从“认知劳动”到“认同劳动”再到“尊重劳动”的转变。

（二）多方联动，拓宽教育路径

劳动教育是一项系统工程，需要学校、家庭、社会各方协同配合。工作室在巩固课堂教学主阵地的同时，积极整合各方资源，构建了全方位、多层次的劳动教育实践平台。在校内，充分挖掘各类劳动教育资源，设立勤工助学岗位、教师科研助理岗位等，让学生在参与学校管理和服务中锻炼意志品质；发挥社团组织的带动作用，成立多个劳动教育类社团，开展丰富多彩的社团活动，吸引更多学生参与劳动教育。在校外，与企业、社区、农村等建立长期稳定的合作关系，搭建实践基地，组织学生参与生产劳动、社会实践和志愿服务活动，拓宽学生的视野，增强学生的社会责任感。通过多方联动，形成了学校、家庭、社会协同育人的良好格局，为学生提供了更加广阔的劳动教育空间。

（三）文化浸润，厚植劳动精神

校园文化作为一种潜在的教育力量，对学生的成长成才具有潜移默化的影响。工作室充分认识到校园文化在劳动教育中的重要作用，将劳动教育理念深度融入校园文化建设之中。通过举办各类劳动文化活动，如劳动主题展览、文化讲座、文艺演出等，弘扬中华优秀传统农耕文化和现代劳动精神，让学生在浓厚的文化氛围中感受劳动的魅力和价值。同时，注重选树劳动教育先进典型，通过宣传典型事迹，发挥榜样的示范引领作用，激励广大学生积极参与劳动实践，形成崇尚劳动、热爱劳动、尊重劳动的良好风尚。通过文化浸润，将劳动精神内化为学生的自觉行动，为学生的终身发展奠定坚实的精神基础。

第二节　辅导员工作室的创新实践

一、创新实践的方向与领域

（一）新媒体技术的创新运用

随着信息化时代的到来，新媒体技术，如社交媒体、在线学习平台、移动应用程序等，已成为辅助教育和管理的重要工具。辅导员工作室利用这些新技术突破了传统课堂教育的时空限制，实现了教育内容和服务的即时性和互动性。

1. 新媒体平台的功能与作用

新媒体平台凭借其独特的技术架构和功能特性，为辅导员的工作带来了前所未有的便利与拓展。从功能角度分析，它集成了信息发布、沟通交流、教育服务等多种功能于一体。

在信息发布方面，辅导员能够通过新媒体平台及时、准确地发布各类通知，确保学生能够第一时间获取重要信息。这种即时性的信息传播方式，大大提高了信息传递的效率，避免了因信息滞后而导致的问题。

学业辅导是辅导员工作的重要组成部分。新媒体平台为学业辅导提供了更为广阔的空间。辅导员可以利用平台开展线上答疑活动，针对学生在学习过程中遇到的各种问题，进行专业、细致地解答。同时，通过组织学生座谈，引导学生分享学习经验和方法，促进学生之间的相互学习与共同进步。此外，心理健康讲座的线上开展，使得心理健康教育能够突破传统讲座在时间和场地方面的限制，让更多学生能够便捷地参与其中。

在与学生实时互动方面，新媒体平台发挥了不可替代的作用。例如，社交媒体平台提供了丰富的互动形式，如评论、私信、群组讨论等。辅导员可以通过这些方式与学生进行深入交流，了解学生的思想动态、学习状况和生活需求。这种实时互动不仅增强了师生之间的情感联系，还为辅导员根据学生的具体需求提供个性化指导奠定了基础。

从学术研究角度来看，这种基于新媒体平台的互动模式符合现代教育理念中以学生为中心的原则。通过对学生反馈信息的收集与分析，辅导员能够深入了解学生的个体差异，进而制定更加精准、有效的教育策略，真正实现因材施教，提升教育的精确度和针对性，使教育资源得到更加合理、高效的配置。

2. 促进思想政治教育的个性化与多样化

新媒体技术的运用为思想政治教育领域带来了具有创新性的突破，从根本上改变了传统思想政治教育的模式与格局。

传统的思想政治教育方式多呈现出单向性和固定性的特点。在传统模式下，教育者主要通过课堂讲授、书面材料等方式向学生传递思想政治教育内容，学生处于相对被动地接受状态，缺乏主动参与和互动交流的机会。这种模式在一定程度上限制了思想政治教育的效果和影响力。而新媒体技术的融入，为思想政治教育注入了新的活力。从个性化角度而言，新媒体平台能够根据学生的浏览记录、学习偏好等数据信息，精准推送符合学生个体需求的思想政治教育内容。辅导员可以通过分析这些数据，深入了解每个学生的思想特点和兴趣爱好，从而为学生提供更加个性化的教育服务。

在多样化方面，新媒体技术为思想政治教育资源的呈现形式和传播方式带来了丰富的变革。通过新媒体平台，辅导员能够发布多元化的教育资源，如短视频、在线直播、虚拟现实体验等。这些新兴的教育资源形式以其直观、生动、便捷的特点，极大地吸引了学生的注意力，提高了学生的学习兴趣和参与度。例如，利用短视频形式发布思想政治教育内容，能够以简洁明了、富有感染力的方式传达核心思想，让学生在碎片化的时间里轻松获取知识。在线直播则为实时互动提供了平台，学生可以在直播过程中随时提出自己的困惑和见解，与辅导员及其他同学进行深入讨论。这种互动式的教育场景创设，增强了学生的参与感和认同感，使学生不再是被动的接受者，而是成为思想政治教育过程中的积极参与者和创造者。同时，新媒体平台的在线互动功能为学生提供了一个开放、平等的交流空间。学生可以自由地表达自己的观点和想法，参与到教育内容的讨论中。辅导员能够实时给予反馈，针对学生的问题进行及时解答和引导。

（二）跨学科合作与资源共享

辅导员工作室的创新实践不仅限于技术手段的创新，更应注重跨学科合作和资源共享。通过与学校其他学科教师的合作，辅导员工作室能够整合更多的学术资源，为学生提供更为全面的教育服务。同时，辅导员工作室与外部企业和社会组织的合作，也能够为学生提供更多实践机会和社会资源，帮助学生拓宽视野，增强社会责任感。

1. 学科之间的协作与优势互补

辅导员工作室在促进学科间协作与优势互补方面具有独特的桥梁作用。在现代教育体系中，学科知识呈现出高度分化又相互交融的态势，单一学科的教育模式已难以满足学生全面发展的需求。因此，辅导员工作室与不同学科教师展开深度合作具有重要的现实意义。

在实践层面，辅导员工作室可以通过多种形式推动跨学科合作。联合学术活动是一种有效的方式，例如组织跨学科研讨会，让不同学科背景的教师和学生汇聚一堂，围绕特定的综合性主题展开深入探讨。这种活动能够激发不同学科思维的碰撞，拓宽学生的学术视野，培养他们从多学科角度分析和解决问题的能力。

举办讲座也是常见且有效的合作形式。不同学科的教师可以从各自专业领域出发，为学生带来前沿的学术知识和独特的研究视角。例如，文学与历史学科教师联合举办的关于“特定历史时期文学作品中的社会映射”讲座，能让学生在文学与历史的交叉点上，更深刻地理解文学作品的内涵以及历史发展的脉络，打破学科界限，构建起更为完整的知识体系。

学科竞赛同样是促进跨学科合作的重要途径。以辅导员工作室与计算机科学专业教师合作举办编程竞赛为例，此类竞赛不仅仅是对学生编程技能的考验，更涉及数学建模、算法设计、团队沟通协作等多个方面。在竞赛过程中，学生需要综合运用多学科知识，通过团队合作来解决实际问题。这不仅锻炼了学生的专业技能，还培养了他们的团队协作精神和创新思维。

从辅导员自身角度而言，通过与不同学科教师的密切合作，能够更深入地了解学生在不同学科学习过程中的需求和困难。这种了解有助于辅导员为学生提供更具针对性的学业指导，帮助学生建立起学科之间的联系，从更广泛的视角理解和掌握学科内容。同时，辅导员还可以引导学生将不同学科的知识和方法相互借鉴、融会贯通，提升学生的综合能力，为学生未来的学术研究和职业发展奠定坚实基础。

2. 社会实践与企业合作

在培养全面发展的高素质人才过程中，仅依靠校内学科资源是不够的，辅导员工作室应积极拓展校外资源，加强与企业、社会组织等的合作，为学生搭建通向社会实践的桥梁。

与企业合作对于学生的成长和发展具有不可替代的作用。从实践教学的角度来看，企业是学生将理论知识应用于实际工作的最佳场所。辅导员工作室与当地企业建立长期稳定的合作关系，组织学生到企业实习，能够让学生亲身感受企业的运营模式和工作环境，了解行业发展动态和实际需求。在实习过程中，学生将课堂上学到的专业知识运用到具体工作任务中，通过解决实际问题，深化对知识的理解和掌握，提高实践操作能力。例如，在工程类专业中，学生在企业实习时参与实际项目的设计与实施，能够接触到行业内先进的技术和设备，了解工程实践中的规范和流程。这种实践经验不仅能提升学生的就业竞争力，还能帮助他们明确自己的职业方向，为未来的职业发展做好充分准备。此外，企业合作还能为学生提供与企业专业人士交流的机会。企业中的技术骨干和管理人员具有丰富的实践经验和行业洞察力，他们的指导和建议对于学生的成长至关重要。学生可以从他们身上学到职场沟通技巧、团队协作方法以及解决复杂问题的思路，这些软技能在学生未来的职业生涯中同样不可或缺。

与社会公益组织合作也是辅导员工作室拓展校外资源的重要方向。组织学生参与志愿服务和公益活动，能够让学生走出校园，深入社会，关注社会问题，增强社会责任感。在公益活动中，学生需要运用自己的知识和技能为社会弱势群体提供帮助，这不仅是对学生能力的锻炼，更是对他们价值观的塑造。例如，与环保公益组织合作开展垃圾分类宣传活动，学生需要运用所学的环境科学知识，结合传播学、社会学等方法，设计宣传方案，向公众普及环保知识。通过这样的活动，学生不仅提高了自身的综合素质，还能深刻体会到个人对社会的责任和贡献，培养团队合作精神和社会交往能力。

从教育的宏观层面来看，辅导员工作室与企业、社会组织的合作，丰富了教育资源的供给，为学生提供了多元化的学习和成长环境。这种跨领域的合作模式，有助于打破学校教育与社会需求之间的隔阂，培养出既具备扎实专业知识，又具有社会责任感、实践能力和创新精神的综合型人才，符合现代教育理念和社会发展对人才培养的要求，对于推动教育与社会的深度融合具有重要的学术价值和实践意义。

二、创新实践的实际效果

（一）互动性和参与感的提升

1. 双向传播的互动机制

在教育传播领域，传统的信息传递模式多为单向传播，即信息从教育者向受教育者单向流动，这种模式在一定程度上限制了学生的主动性和参与度。而新媒体平台的出现，彻底颠覆了这一传统模式，构建起双向甚至多向的传播互动机制。

从传播学理论来讲，双向传播强调信息发送者与接收者之间的相互作用，双方都既是信息的传播者又是接收者。在辅导员与学生的互动情境中，新媒体平台成为实现这一传播模式转变的关键载体。借助各类即时通信工具、在线学习平台等新媒体手段，学生不再仅仅是被动的信息接收者，他们可以随时主动发起与辅导员的互动交流。

即时反馈机制是双向传播互动机制的核心优势之一。在学生的成长过程中，会面临学习、生活、心理等多方面的困惑。以学习为例，在专业课程的学习进程中，学生可能会遇到抽象的理论概念、复杂的公式推导以及难以理解的知识点等问题。通过新媒体平台，学生能够迅速将这些问题反馈给辅导员。辅导员则可以依据问题的性质和学生的具体情况，灵活运用文字、视频或语音等多种形式给予详细解答。

在文字解答方面，辅导员能够以清晰、准确的语言阐述问题的核心要点，通过逻辑严谨的步骤分析，帮助学生梳理思路，理解复杂的概念和知识点。对于一些需要直观展示的内容，如实验操作流程、图形解析等，辅导员可以录制视频进行详细讲解，让学生能够更直观地观察和学习。而语音解答则适用于一些需要情感交流和强调重点的情况，辅导员富有感染力的声音能够传递出关心和鼓励，增强学生的学习信心。这种即时的互动形式对于提高学习效果具有显著作用。一方面，及时地解答避免了学生因问题积压而产生的学习焦虑，使他们能够在知识理解的关键节点得到有效的指导，从而更好地跟上教学进度；另一方面，学生在感受到自己的问题被迅速关注和认真解答后，会产生强烈的被重视感，这种心理体验极大地增加了他们参与互动的积极性，进而促进他们在后续学习过程中更加主动地与辅导员交流，形成良性的学习互动循环。

2. 社群讨论与思想碰撞

新媒体平台凭借其开放性、便捷性和互动性的特点，为辅导员和学生之间的思想交流与碰撞营造了一个前所未有的灵活环境。在这个数字化空间里，线上社群讨论组成为促进思想互动的重要载体。通过创建特定主题的线上社群讨论组，辅导员能够引导学生围绕学术、校园文化、社会热点等多元话题展开深入讨论。从学术层面来看，学术话题的讨论有助于学生深化对专业知识的理解，拓宽学术视野。例如，在专业课程的学习过程中，辅导员可以发起关于某一学术前沿理论的讨论，鼓励学生阅读相关文献资料，结合自己的理解发表观点。在讨论过程中，学生们可以从不同角度对理论进行解读，分享各自的研究思路和方法，这种思维的碰撞能够激发学生的创新意识，培养他们的学术研究能力。

校园文化话题的讨论则能够增强学生对校园文化的认同感和归属感。辅导员可以组织学生围绕校园文化活动的策划、校园精神的传承等话题展开讨论，鼓励学生积极参与校园文化建设。学生们在讨论中可以提出自己对校园文化活动的创意和建议，共同探讨如何更好地弘扬校园精神，这不仅丰富了校园文化生活，也培养了学生的团队协作能力和校园主人翁意识。

社会热点话题的讨论对于培养学生的社会责任感和批判性思维具有重要意义。社会热点事件往往涉及多个领域的知识和价值观，通过组织学生对这些事件进行讨论，辅导员可以引导学生运用所学知识，从不同角度分析问题，形成自己的观点和判断。例如，辅导员就社会热点问题组织辩论赛，鼓励学生深入探讨不同立场和观点。在准备辩论的过程中，学生需要收集大量的资料，进行深入思考和分析，这有助于提高他们的信息收集与处理能力。在辩论过程中，学生需要运用逻辑推理来阐述自己的观点，反驳对方观点，这能够有效增强他们的逻辑推理能力和表达能力。同时，通过对社会热点问题的深入探讨，学生能够更加全面地了解社会现象背后的本质，提升他们对社会问题的认知能力，培养他们关注社会、思考社会问题的习惯。这种基于新媒体平台的社群讨论互动模式，打破了传统课堂教学中时间和空间的限制，让学生能够在一个更加自由、开放的环境中交流思想。它不仅促进了学生之间的相互学习和启发，也为辅导员了解学生的思想动态和学习需求提供了重要途径，有助于辅导员因材施教，提高教育教学的针对性和实效性。

3. 学生学习动机和参与感的激发

新媒体平台所提供的互动环境，为激发学生的学习动机和增强他们的参与感提供了独特的契机。

在新媒体平台的互动情境中，当学生提出的疑惑能够在短时间内得到辅导员或同学的准确解答时，他们会体验到一种成就感。这种成就感源于对自身能力的肯定，即自己所关注的问题能够得到有效回应，证明自己的思考和探索是有价值的。例如，在在线学习平台上，学生针对某一课程难点提出问题，很快就收到了辅导员详细且清晰的解答，同时还得到了其他同学的积极点赞和认可。这种即时的反馈会让学生感受到自己在学习过程中的努力得到了关注和赞赏，从而产生一种积极的情感体验。

根据自我效能感理论，这种成就感会进一步增强学生的自我效能感，使他们相信自己有能力完成学习任务，进而转化为更强的学习动力。学生在获得成就感后，会更有信心去面对新的学习挑战，主动投入更多的时间和精力到学习中。他们会积极寻找更多的学习资源，尝试更深入地探索知识领域，形成一个积极的学习循环。

学生在新媒体平台参与互动时，能够深切体验到自己是学习共同体的一员。在这个共同体中，大家围绕共同的学习目标和兴趣话题展开交流与合作。通过参与社群讨论、小组项目等互动活动，学生能够感受到自己与其他同学有着共同的学习追求，彼此之间相互支持、相互学习。这种归属感能够增强学生对学习过程的投入度，使他们更加愿意主动参与到学习活动中来。在这种学习共同体的氛围中，学生的学习不再是孤立的个体行为，而是一种集体活动。他们会受到同伴的激励和启发，不断调整自己的学习策略和方法。同时，为了更好地融入学习共同体，为集体做出贡献，学生也会更加积极主动地探索和解决问题，培养自己的自主学习能力和创新精神。

（二）管理的时效性和精准性

辅导员能够更快速地获取学生的动态信息，并做出及时回应。通过实时数据监控，辅导员能够及时发现学生问题并实施个性化干预，避免问题的恶化和扩展。

1. 即时通信提升管理效率

在传统的学生管理体系中，沟通模式多以面对面交流为主，这种方式虽然具有直接性和情感传递的优势，但也存在明显的局限性。由于辅导员通常需要负责多个班级学生的管理工作，事务繁杂，学生在遇到问题时，往往无法第一时间获得辅导员的关注和帮助。他们可能需要在特定的办公时间前往辅导员办公室，或者等待辅导员安排出合适的时间进行沟通，这中间的等待过程可能会导致问题延误解决，甚至在等待期间问题进一步恶化，给学生带来更大的困扰。

新媒体平台的即时通信功能则彻底改变了这一局面。从信息传播理论角度来看，即时通信打破了传统沟通在时间和空间维度上的束缚，实现了信息的瞬间传递和即时反馈。它构建了一个跨越物理距离和时间限制的沟通桥梁，让辅导员与学生之间的交流变得更加便捷和高效。在实际的学生管理场景中，这种即时通信功能发挥着至关重要的作用。例如，当学生在宿舍遭遇生活困难时，如突发的水电故障影响正常生活，或者遇到人际关系冲突等问题，以往可能需要通过层层上报，经过一定的流程才能找到相关负责人解决。而现在，学生只需轻点手机，通过新媒体平台的即时通信工具，就能迅速将问题反馈给辅导员。辅导员在接收到信息后，可以立即了解问题的具体情况，并凭借其对学校管理体系的熟悉，迅速协调宿管部门、维修部门等相关单位，及时为学生解决问题。再如，当学生身体不适时，尤其是在夜间或节假日等非工作时间，即时通信功能更是成为学生寻求帮助的关键通道。学生可以第一时间告知辅导员自己的身体状况，辅导员能够迅速做出判断，根据病情的严重程度，协调安排就医事宜，如联系校医室进行初步诊断，或者直接安排送往附近医院，确保学生能够得到及时的救治。这种即时的沟通和响应机制，避免了因时间延误而可能导致的病情加重等不良后果，充分体现了新媒体平台即时通信功能在保障学生权益和解决实际问题方面的高效性和重要性。

即时通信功能还在学生的日常学习和生活中发挥着积极作用。学生在学习过程中遇到困惑，如对某个知识点理解困难、作业遇到难题等，也可以随时通过即时通信工具向辅导员请教。辅导员可以及时给予指导和建议，帮助学生解决学习上的问题，使学生的学习过程更加顺畅，同时也增强了学生对学习的信心和积极性。

2．学生数据的全面实时管理

新媒体平台的在线数据管理功能为学生管理工作带来了革命性的变

革，使辅导员能够全面、实时地掌握学生的各类数据信息，这对于深入了解学生的成长和发展状况具有重要意义。

在当今数字化时代，学生的学习、生活和社交等各个方面都产生了大量的数据。新媒体平台凭借其强大的数据整合能力，将学生的学业成绩、心理状态、思想动态等多维度信息整合到一个统一的数据库中。这种数据整合并非简单的信息堆砌，而是基于科学的数据架构和算法，实现了数据的有序存储和高效检索，为辅导员进行精准的学生管理提供了坚实的数据基础。从学业成绩方面来看，通过与学校的教学管理系统对接，新媒体平台能够实时获取学生的学科成绩、考试排名、作业完成情况等详细数据。辅导员可以直观地查看学生在各个学科上的学习进展，不仅能够了解学生的整体学习水平，还能精准定位学生在具体学科上的优势和不足。例如，当发现某学生的高等数学成绩在近期出现连续下滑时，辅导员可以结合该学生的作业完成情况、课堂表现等多方面数据进行综合分析，找出成绩波动的原因，如是否因为学习方法不当、对某些知识点掌握不牢，还是受到其他因素的影响。基于这些分析结果，辅导员可以针对性地为学生提供个性化的学业辅导建议，如推荐相关的学习资料、安排学习小组互助等，帮助学生提高学习成绩。

在心理状态监测方面，新媒体平台为辅导员提供了全新的视角和手段。学生在社交媒体上的言论、互动行为以及参与的话题讨论等，都在一定程度上反映了他们的心理动态。通过运用自然语言处理技术和数据分析算法，辅导员可以对学生在社交媒体上发布的内容进行情感分析，判断学生的情绪状态是积极、消极还是中性。例如，如果发现某学生频繁发布消极情绪的言论，且参与社交互动的频率明显降低，辅导员可以及时介入，与学生进行沟通，了解其内心的困扰，为学生提供必要的心理支持和疏导。这种基于数据的心理监测方式，能够及时发现学生潜在的心理问题，避免问题进一步恶化，为学生的心理健康保驾护航。

思想动态管理也是学生管理工作的重要内容。新媒体平台作为学生获取信息和表达观点的重要渠道，蕴含着丰富的思想信息。辅导员可以通过关注学生在新媒体平台上参与的热点话题讨论、分享的文章和观点等，了解学生的思想倾向和价值观念。例如，在一些重大社会事件发生时，辅导员可以通过分析学生在平台上的讨论内容，了解学生对事件的看法和态度，及时引导学生树立正确的世界观、人生观和价值观，加强思想教育工作的针对性和实效性。

3. 基于数据的个性化管理

在大数据时代背景下，借助新媒体平台所提供的实时监测和数据分析功能，辅导员能够深入了解每位学生的独特需求和特点，从而为其制定个性化的管理和辅导计划，实现精准的学生管理。这种基于数据的个性化管理模式，打破了传统学生管理中“一刀切”的做法，充分尊重了学生的个体差异。通过对学生多维度数据的深度挖掘和分析，辅导员可以精准识别每个学生在学习、心理、生活等方面的优势和不足，以及他们的兴趣爱好和发展需求。

在学习方面，辅导员通过对学生学习数据的详细分析，能够发现学生在不同学科上的学习情况。例如，有些学生可能在高等数学、大学物理等理科科目上表现出色，但在大学语文、英语等文科科目上存在困难；而另一些学生则可能恰恰相反。针对这种情况，辅导员可以根据学生的具体学科短板，为其提供个性化的辅导资源。对于某类科目学习困难的学生，辅导员可以推荐适合该学生水平的在线课程、相应科目学习技巧类书籍，或者安排成绩较好的同学与其结成学习对子，进行一对一的辅导。同时，辅导员还可以根据学生的学习进度和掌握情况，动态调整辅导计划，确保辅导的有效性和针对性。

在心理健康领域，基于数据的个性化管理同样具有重要意义。通过对学生社交媒体行为数据、心理测评数据等多源数据的综合分析，辅导员能够实时监测学生的情感变化和心理状态。例如，通过分析学生在一段时间内发布的朋友圈内容、参与的聊天话题等，判断学生的情绪稳定性。如果发现某学生情绪波动较大，且出现了一些焦虑、抑郁等负面情绪的迹象，辅导员可以及时与学生进行一对一的沟通，了解其近期的生活状况和遇到的问题。根据沟通结果，为学生制定个性化的心理疏导方案，如推荐适合该学生的心理咨询服务、提供相关的心理自助资料，或者鼓励学生参加一些有益的心理健康活动，帮助学生缓解负面情绪，保持良好的心理状态。除了学习和心理方面，基于数据的个性化管理还延伸到学生的生活和职业规划等领域。通过了解学生的兴趣爱好、社团活动参与情况等数据，辅导员可以更好地引导学生参与适合自己的校园活动，丰富课余生活，提升综合素质。在职业规划方面，辅导员可以结合学生的专业成绩、技能水平以及个人兴趣，为学生提供个性化的职业发展建议，帮助学生制定合理的职业规划路径，提高学生未来的就业竞争力。

第三节　辅导员工作室在学生思想政治教育中的应用效能

一、助力学生心理健康成长

（一）心理健康教育的专业化服务

辅导员工作室的心理健康教育是以专业化服务为基础，建立了一支由心理学专家和经验丰富的辅导员组成的专业团队。该团队通过科学的心理测评工具，评估学生的心理状态，及时发现学生的心理问题，如学业压力、情感问题、家庭背景等，进行专业的干预和辅导。

1. 定期心理健康普查与问题识别

每学期，工作室会定期组织学生进行心理健康问卷调查，结合最新的心理学测评工具对学生进行心理状态评估。通过这些普查，辅导员能够准确了解学生的心理状况和潜在心理问题。例如，学生可能因为学业压力、就业焦虑或家庭问题而感到困惑，工作室通过心理测评数据及时识别这些问题，并为学生提供个性化的解决方案。

2. 心理辅导与个性化干预

对于那些测评结果显示存在较为严重心理问题的学生，辅导员工作室将为其提供一对一的心理咨询服务，帮助学生缓解压力、调整情绪、改变不良的思维模式和行为习惯。辅导员通过心理疏导、情绪调节等方法，帮助学生提升自我调节能力，逐步建立积极的心态和健康的生活方式。辅导员通过建立信任关系，让学生感到被理解和支持，从而增强学生的心理韧性。

3. 心理健康档案管理与跟踪服务

为了确保辅导员工作室的心理健康服务能够精准、持续，工作室还建立了每位学生的心理健康档案，记录学生的心理状况变化、辅导记录以及干预效果。这种档案管理机制不仅帮助辅导员更加全面地了解学生的心理需求，也为后续的辅导和干预提供了详细依据。同时，辅导员还会定期跟踪辅导效果，调整干预策略，确保学生的心理健康得到持续有效地支持。

（二）心理健康主题活动与集体辅导

除了提供个性化的心理辅导服务外，辅导员工作室还组织集体心理健康活动，通过团体辅导和集体互动提升学生的心理素质。这些活动不仅帮助学生理解和认识心理健康的重要性，也能通过集体互动增强学生的情感联结和团队协作能力。

1. 心理健康主题班会与讨论

工作室定期开展心理健康主题班会，班会内容涵盖情绪管理、人际关系、学业压力调节等方面。通过互动式的讨论和案例分享，辅导员能够引导学生在集体中找到共鸣，分享各自的困惑和经验。这种集体互动的方式，不仅帮助学生认识到心理健康问题的普遍性，还增强了他们寻求帮助和支持的信心。

2. 心理素质拓展与情境模拟

为提升学生的情绪调节能力和团队协作能力，辅导员工作室还组织了心理素质拓展训练和情境模拟活动。这些活动通常设计为团体游戏、情境角色扮演等形式，学生在活动中模拟现实生活中的压力情境，如学业压力、人际冲突等，学会如何有效地管理情绪、化解压力。在轻松愉快的氛围中，学生不仅增强了心理素质，也通过团队合作和相互支持，建立了更加健康的情感联结。

3. 工作坊与情绪管理培训

工作室可以定期组织“情绪管理与沟通技巧”工作坊，帮助学生提高情绪调节能力，学会在面对压力时保持冷静、理智。通过具体的情绪管理技巧和沟通技巧训练，学生能够在未来的学术和社会环境中更加从容地应对挑战，提高他们的心理素质和生活质量。

（三）心理健康文化建设与长期发展

辅导员工作室不仅关注学生的短期心理健康问题，还注重在全校范围内营造良好的心理健康文化，为学生的长期心理健康提供保障。

1. 心理健康宣传与校园文化建设

工作室定期开展心理健康宣传月，组织系列讲座、心理健康知识竞赛等活动，增强全体学生的心理健康意识。通过这些活动，学生能够认识到心理健康对于个人发展、学业成就和社会适应的重要性，打破对心理健康的偏见，积极寻求专业帮助。此外，工作室还会与学校其他部门合作，融入校园文化活动，形成全校范围的心理健康文化建设。

2. 线上线下结合的心理健康教育

工作室积极利用新媒体平台，组织线上线下结合的心理健康教育活动。通过微信公众号、微博等平台，工作室定期发布心理健康知识文章、视频和互动活动，拓展心理健康教育的覆盖面。同时，辅导员通过线上平台与学生实时互动，解答学生的心理困惑，提供心理疏导服务。这种线上与线下相结合的方式，使心理健康教育更加灵活、多样，能够满足学生不同的需求。

3. 建立心理健康支持网络

辅导员工作室还积极推动建立心理健康支持网络，鼓励学生之间建立互助小组，通过同伴支持和分享，帮助彼此减轻心理负担。此外，工作室还与心理健康专家、社工等外部资源进行合作，为学生提供更广泛的支持服务。这种支持网络不仅能够增强学生的心理调节能力，也有助于形成一个积极健康的校园文化氛围。

二、促进学生综合素质提升

（一）创新能力与实践能力的培养

创新能力和实践能力是学生在现代社会中立足的关键能力。辅导员工作室通过设立创新工作室、科技创新小组等，为学生提供创新实践的平台，培养学生的创新思维和实践动手能力。

1. 学科竞赛与科研项目的参与

工作室通过组织和鼓励学生参加各类学科竞赛和科研项目，为学生提供一个展示和实践创新能力的舞台。例如，辅导员工作室可以组织学生参与全国大学生创新创业大赛、机器人大赛、数学建模大赛等，这些比赛不仅考查学生的专业知识，还强调团队合作、创新思维和解决实际问题的能力。通过这些赛事，学生在与同行竞争的过程中，学会了如何从创新角度解决问题，如何在实践中应用理论知识。

2. 创新讲座与实践课程的设置

除了竞赛和项目外，工作室还开设创新讲座和创新实践课程，邀请企业导师、行业专家和学者为学生提供专业指导。这些讲座和课程不仅传授最新的创新思想和方法，还通过案例分析、互动讨论等形式，引导学生深入思考当前科技创新和创业的挑战和机遇。通过与行业专家的互动，学生能够获得更广泛的视野，提升自己在创新领域的理论素养和实践能力。辅导员工作室在这一过程中扮演着桥梁的角色，将学校、社会和学生之间的联系紧密结合，推动学生创新实践能力的全面提升。

3. 创新实践的团队合作

工作室通过组织团队合作的创新实践活动，进一步锻炼学生的团队协作能力。在项目合作中，学生不仅要独立思考，还要与队友合作解决问题。通过多角度的思维碰撞，学生的创新能力得到了全面提升。同时，团队合作过程中，学生还学会了如何协调各自的特长，如何有效沟通与协调，如何处理团队中的不同意见和冲突。这样的实践为学生提供了宝贵的团队合作经验，提升了他们的沟通能力和独立解决问题的能力。

（二）社会责任感与团队合作能力的培养

社会责任感和团队合作能力是学生成功走向社会的基础，辅导员工作室通过多种社会实践活动，培养学生的社会责任意识和集体主义精神。

1. 志愿服务与社会调研

辅导员工作室通过与社区、社会福利机构等合作，组织学生参与环保、助老、助残等志愿活动，鼓励学生通过实际行动为社会贡献力量。这些活动不仅提升了学生的社会责任感，也帮助学生了解社会的多元需求，增强了他们的社会参与意识。例如，工作室可以组织“青年志愿者活动月”，邀请学生参与环保宣传等活动，提升学生对社会问题的关注度和解决问题的能力。

2. 团队合作中的角色与责任

志愿服务活动不仅是学生社会责任感培养的重要途径，也是培养学生团队合作能力的有效方式。在这些活动中，学生需要与他人密切配合，完成团队任务。在志愿服务中，学生分工合作，协作完成任务，从中学习如何在团队中担任不同角色，如何与他人共同达成目标。通过集体合作，学生的团队意识和协作精神得到了极大提升，同时也培养了学生的领导能力和组织协调能力。

3. 社会实践项目与集体活动

除了志愿服务，工作室还组织社会实践项目和集体活动，学生在这些活动中承担具体责任，合作开展项目，从而锻炼了团队合作与领导力。例如，辅导员工作室可以组织学生进行社会调研，了解当前社会中的热点问题，如何有效解决这些问题，学生通过调研活动增强了自己的社会责任感，也学会了如何与他人合作、分担责任，最终实现共同目标。

（三）文化艺术素养的提升

文化艺术素养是学生综合素质的重要组成部分，它不仅提升学生的审美情趣和文化修养，还能丰富学生的课余生活，增强学生的自信心和表现力。

1. 文化艺术活动的组织与实施

辅导员工作室通过组织各类文化艺术活动，如书法比赛、摄影展览、音乐会等，为学生提供展示自我的平台。通过这些活动，学生不仅可以展示自己的艺术才华，还能从中感受到艺术创作带来的成就感与自豪感，进一步提升他们的艺术修养。例如，工作室可以定期举办“校园文化艺术周”，邀请学生参与摄影、诗词、音乐等形式的艺术展示，激发学生的艺术兴趣和创作热情。

2. 审美能力的培养与文化理解

通过参加这些文化艺术活动，学生的审美能力得到了提升，学生不仅能够通过艺术表现自己，还能通过欣赏他人的作品获得更深层次的文化理解。这些活动促使学生从艺术作品中汲取灵感，提高他们的审美判断能力，并增强其对艺术与文化的理解力。此外，学生在参与这些活动时，也能够增加团队合作的机会，提升其社交能力和沟通技巧。

3. 跨学科艺术展示与合作

工作室还通过跨学科的艺术合作，增强学生的文化艺术素养。例如，辅导员可以组织多专业合作的艺术展示活动，将文学、音乐、美术等学科进行结合，为学生提供一个跨学科的合作平台。在这些活动中，学生能够通过艺术的形式表达思想、情感和创造力，进一步拓宽视野，增强跨学科合作的能力。

第七章　高校辅导员工作室的学生参与与反馈机制

第一节　学生参与工作的模式与方法

一、学生参与工作的形式

（一）组织活动与项目管理

学生在辅导员工作室担任组织者、策划者或执行者的角色是提高其领导力、责任感与组织能力的有效途径。在组织活动和管理项目的过程中，学生需要协调各方资源、处理突发问题，并确保活动按时按质完成。通过实际参与这些活动，学生不仅能够更好地理解如何规划和管理一项活动，还能在此过程中培养问题解决能力和团队协作精神。例如，在组织校园文化活动时，学生可能会承担策划、宣传、人员管理等工作。这要求学生在制定活动方案时考虑到活动的主题、场地、预算、人员安排等多个方面的因素，确保活动顺利进行。通过这些实际操作，学生能够在工作中获得宝贵的实践经验，提升他们在组织、沟通与协调方面的能力。此外，项目管理中的时间管理和资源调配能力也能得到锻炼，为学生将来进入职场、承担更复杂的工作任务做好准备。通过这种方式，学生不仅锻炼了管理技能，还能增强其社会责任感，学会如何以更高效和有条理的方式进行组织与协作，尤其是在面对不同团队成员和外部环境压力时，能够展现出更强的适应性和灵活性。

（二）学术交流与专题讨论

辅导员工作室通过组织学术交流、专题讨论等形式，促进学生的学术思维发展。这类活动不仅提高学生对思想政治理论的理解，还能够在讨论和辩论中培养学生的批判性思维和独立思考能力。在这些活动中，学生有机会与辅导员和同学们展开思想碰撞，激发出新的创意和观点，形成更深入的思考和学习。例如，辅导员工作室可以定期组织主题讲座和研讨会，邀请专家学者来校分享最新的学术成果与实践经验。学生可以通过参与这些讲座和讨论，与学术界的专业人士交流，了解前沿的学术理论与研究成果。这种形式不仅丰富了学生的学术视野，还帮助他们在学术探索过程中形成独立思考和批判性分析的能力。

专题讨论和辩论赛也是促进学术互动的重要方式，学生在这些活动中可以自由表达自己的见解，听取不同的意见，并通过论证自己的观点，提升思辨能力。辩论赛中的辩论技巧、论证能力以及快速应变能力都能得到锻炼。这种形式的学术活动不仅有助于学生深化对专业知识的理解，更能够培养其从不同视角分析问题的能力。通过这些活动，学生在思想深度和逻辑表达能力上得到了显著提升。此外，学术讨论与专题研究还为学生提供了一个多元的学习平台，让他们在相互学习和借鉴的过程中，提升团队协作和解决实际问题的能力。通过这种跨学科的知识融合和观点碰撞，学生能够拓宽自己的认知边界，并在更广阔的学术讨论中，锻炼自己的批判性思维和创新意识。

（三）在线平台互动参与

随着数字化时代的到来，线上平台已经成为辅导员工作室中重要的学生参与形式。通过利用新媒体平台，如微信群、在线论坛、社交媒体等，学生能够随时随地参与到辅导员工作室的活动中，无论是学术讨论、思想政治教育活动还是心理健康辅导，学生都可以通过线上平台进行互动、学习和反馈。在线平台的一个显著优势是突破了时间和空间的限制，使得学生能够在自己合适的时间进行学习和参与。通过线上问答、评论、论坛讨论等功能，学生可以与辅导员、同学以及学术专家进行即时互动。这种互动方式不仅让学生能够得到个性化的指导，还可以帮助他们解决学业和思想上的疑惑。例如，辅导员可以通过在线平台发布思政教育的学习资源，如视频、图文文章、案例分析等，学生可以根据自己的兴趣和需求进行自主学习。辅导员还可以通过直播、录播课程等形式，进行在线讲解并实时解答学生的问题，增强学习的互动性和参与感。通过线上平台，辅导员工作室能够开展更为灵活和个性化的教育服务。例如，辅导员可以针对不同年级、专业的学生设计不同的学习模块，推送适合他们的学习内容和活动，让学生能够根据自己的时间和兴趣，灵活地选择参与。线上平台还提供了一个学生之间互动的平台，学生可以在平台上分享自己的学习心得、讨论学术问题，也可以提出关于思想政治教育和心理健康的个人困惑，获得更多反馈和建议。

二、学生参与的动机与机制

（一）基于自我成长与发展的内在动机

1. 心理健康教育维度

在心理健康教育领域，辅导员工作室组织的各类活动为学生提供了专业且有效的支持。随着社会竞争的日益激烈，学生在学习、生活和人际交往中面临着诸多压力和挑战，良好的心理健康状态对于他们的成长和发展至关重要。

心理健康讲座作为一种重要的教育形式，邀请专业的心理学专家或学者，围绕学生常见的心理问题，如焦虑、抑郁、自卑等，深入浅出地讲解心理学知识和应对策略。专家们运用丰富的临床经验和前沿的研究成果，帮助学生了解心理问题的产生机制和表现形式，引导学生正确认识自己的情绪和心理状态。例如，在关于“大学生焦虑情绪的应对”讲座中，专家通过案例分析、现场互动等方式，向学生传授放松训练、认知重构等实用技巧，使学生能够在面对焦虑情绪时，运用科学的方法进行自我调节。

团体辅导活动则为学生提供了一个安全、支持性的人际环境。在专业辅导员的引导下，学生们围绕共同的主题，如人际关系、自我探索等，进行深入的互动交流。在这个过程中，学生们分享自己的成长困惑、内心感受和人生经历，通过聆听他人的故事，获得共鸣和启发。例如，在以“人际关系中的沟通技巧”为主题的团体辅导中，学生们通过角色扮演、小组讨论等活动，学习如何表达自己的观点和情感，如何倾听群众的意见和需求，以及如何处理人际冲突。在辅导员的引导下，学生们逐渐认识到自己在人际交往中的优点和不足，学会调整自己的行为模式和思维方式，提高人际交往能力。

同时，团体辅导活动还注重培养学生的心理调适能力。在面对挫折和困难时，学生们在团体中相互支持、相互鼓励，共同探索应对挫折的方法。通过分享成功应对挫折的经验，学生们学会从挫折中汲取教训，培养坚韧不拔的意志品质和积极乐观的心态。例如，在经历考试失利或求职受挫后，学生们在团体辅导中倾诉自己的痛苦和迷茫，在同伴的支持和辅导员的引导下，重新审视自己的目标和方法，调整心态，勇敢地面对未来的挑战。

2. 综合能力提升维度

辅导员工作室开展的各类活动为学生提供了全方位提升综合能力的广阔平台，这些能力对于学生的未来发展具有不可忽视的重要性。

批判性思维是创新和解决复杂问题的关键能力。在学术研讨活动中，学生面对各种学术观点和研究成果，需要运用批判性思维进行分析和判断。他们不再盲目接受既有观点，而是通过深入研究、对比不同理论和实证研究，对学术问题进行全面、深入地思考。例如，在一场关于“人工智能对教育领域的影响”的学术研讨中，学生们不仅要了解人工智能在教育中的应用现状，还要思考其可能带来的机遇和挑战，分析不同学者提出的应对策略的合理性和局限性。通过这种批判性思考，学生能够形成自己独立的见解，培养创新思维能力，为未来的学术研究和职业发展奠定坚实的基础。

学术能力的提升贯穿于工作室的多项活动中。学生在参与学术讲座、阅读专业文献、撰写学术论文等过程中，不断提高自己的文献检索、数据分析、论文撰写等能力。学术讲座邀请学界知名专家分享前沿研究成果和学术动态，参与学术讲座可以拓宽学生的学术视野；阅读专业文献则要求学生掌握文献筛选、精读和综述的方法，学会从海量信息中提取有价值的内容；撰写学术论文更是对学生学术能力的综合考验，从选题、研究设计到数据分析和结论撰写，每个环节都需要学生具备扎实的专业知识和严谨的学术态度。

团队协作能力是现代社会对人才的基本要求。在团队项目中，学生们需要与不同背景、不同性格的成员合作，共同完成任务。在这个过程中，学生们学会明确各自的角色和职责，发挥自身优势，实现资源的优化配置。例如，在一个跨学科的科研项目中，来自不同专业的学生需要相互协作，理工科学生负责实验设计和数据分析，文科学生则从人文社会科学的角度提供理论支持和研究思路。通过密切的沟通和协作，团队成员共同攻克难题，提高团队的整体效能。同时，团队项目还培养了学生的沟通能力，学生们需要学会清晰地表达自己的想法和观点，倾听群众的意见和建议，有效地解决团队中的矛盾和冲突，确保项目顺利推进。

领导力的培养是学生综合素质提升的重要方面。当学生担任学生干部组织活动时，他们需要承担起组织、协调和管理的责任。在这个过程中，学生学会了制定目标、规划活动流程、分配任务和激励团队成员。例如，在组织校园文化节的过程中，学生干部需要统筹各方资源，协调不同部门的工作，充分发挥每个成员的优势，确保活动的顺利开展。在面对突发情况和困难时，学生干部需要迅速做出决策，带领团队克服困难，实现目标。通过这些实践锻炼，学生的领导力得到不断提升，他们学会如何激励他人、引导团队朝着共同目标前进，为未来在工作和社会中担任领导角色积累宝贵经验。学科竞赛项目则是综合锻炼学生多种能力的重要平台。在学科竞赛中，学生需要运用批判性思维分析问题，从复杂的现象中找到关键问题和解决方案；与团队成员密切协作，发挥各自的专业优势，共同攻克难题；项目负责人则需要在组织协调过程中充分发挥领导力，合理安排团队成员的工作，激发团队的创造力和战斗力。通过参与学科竞赛，学生的综合能力得到全面提升，为未来的职业发展和个人成长打下坚实的基础。

（二）激励机制的设计

1. 奖学金激励

在教育领域，激励机制对于学生的成长与发展具有不可忽视的推动作用。奖学金作为一种重要的激励手段，能够有效激发学生的学习动力和参与热情。针对参与工作室活动的学生，设立专门的奖学金具有重要意义。

从评定标准来看，不能仅仅局限于单一维度，而应综合考量学生参与活动的质量、数量及成果。参与活动的质量体现在学生在活动中的深度参与和积极贡献。例如，在思政教育活动中，学生是否能够深入思考理论内涵，并将其与实际生活紧密联系提出独到的见解；在学术研究活动里，学生是否展现出严谨的治学态度和创新的研究思路，并能够对学术问题进行深入剖析。数量方面，反映了学生对工作室活动的积极投入程度，体现其对自我提升的渴望和对工作室活动的认同。而成果则是学生参与活动的直接体现，涵盖学术成果，如发表的论文、研究报告；实践成果，如成功组织的大型活动、取得的社会影响力等。

设立“工作室优秀学员奖学金”是一种极具针对性的激励方式。这一奖学金旨在全面表彰在思政教育、学术研究、社会实践等多个领域表现卓越的学生。在思政教育方面，奖励那些通过参与工作室组织的各类思政活动，如马克思主义理论研讨、红色文化主题实践等，深刻领悟国家发展战略，将个人成长与国家命运紧密相连，展现出高度政治觉悟和社会责任感的学生。在学术研究领域，对那些积极参与学术研讨、科研项目，在专业知识学习和探索中取得突出成绩，如在学术期刊发表高质量论文、在学科竞赛中获得优异成绩的学生给予肯定。对于在社会实践方面表现出色的学生，如积极参与公益活动、社区服务，为社会做出积极贡献并产生良好影响的学生，也纳入奖励范畴。

奖学金不仅仅是物质上的奖励，更承载着对学生努力和成绩的高度认可。这种认可在学生的成长过程中具有深远影响，它能够增强学生的自信心和自我认同感，让学生感受到自身的付出得到了重视和肯定。从心理学角度来看，这种积极的反馈能够激发学生内在的学习动机，促使他们更加全身心地投入工作室活动中，追求更高的目标和更卓越的成绩。同时，奖学金的设立也在学生群体中树立了榜样，激励其他学生以获奖学生为标杆，积极参与工作室活动，推动整个学生群体的共同进步。

2. 荣誉证书激励

荣誉证书作为一种精神激励的重要形式，在教育激励机制中发挥着独特而不可替代的作用。它所蕴含的价值远远超越了证书本身，对于学生的心理和个人发展具有深远影响。

荣誉证书具有强大的精神激励作用，能够极大地增强学生的荣誉感和成就感。这种情感上的满足是学生在追求个人成长和进步过程中的重要动力源泉。当学生获得荣誉证书时，意味着他们在特定的活动或领域中付出的努力和取得的成绩得到了正式的认可和肯定。这种认可不仅仅来自外部环境，更重要的是能够内化为学生对自身能力和价值的积极认知，从而提升他们的自我效能感。

工作室根据不同活动类型和学生表现，颁发多样化的荣誉证书，如“优秀志愿者荣誉证书”“学术创新荣誉证书”等，这种差异化的证书设置能够精准地表彰学生在不同领域的杰出表现。以“优秀志愿者荣誉证书”为例，在各类志愿服务活动中，学生积极投身其中，为社会贡献自己的力量，展现出无私奉献的精神和强烈的社会责任感。通过获得这一荣誉证书，学生的志愿服务行为得到了正式的肯定，这不仅有助于强化他们的志愿服务意识，还能激励他们在未来继续积极参与公益活动，为社会做出更大的贡献。

“学术创新荣誉证书”则主要针对在学术研究方面表现出卓越创新能力的学生。在学术活动中，这些学生勇于探索未知领域，敢于挑战传统观点，通过深入研究和思考，取得了具有创新性的学术成果。获得该荣誉证书，是对他们学术能力和创新精神的高度认可，能够进一步激发他们在学术道路上的探索热情，鼓励他们不断追求更高的学术成就。

这些荣誉证书在学生的求职、升学等重要人生阶段具有不可忽视的证明作用。在求职过程中，荣誉证书能够作为学生综合素质和能力的有力证明，向潜在雇主展示学生在特定领域的专业素养、积极态度和取得的成绩。例如，一份“优秀志愿者荣誉证书”可以体现学生的社会责任感、团队协作能力和沟通能力，使学生在众多求职者中脱颖而出。在升学方面，荣誉证书同样具有重要价值。高校在选拔研究生时，除了关注学生的学术成绩外，也非常看重学生的综合素质和实践能力。各类荣誉证书能够为学生的申请材料增添亮点，增加他们被理想院校录取的机会。这种实际的应用价值进一步激励学生积极参与工作室活动，努力争取获得荣誉，以提升自己在未来竞争中的优势。

3. 活动参与奖励

在激励学生参与工作室活动的过程中，活动参与奖励作为一种即时性激励方式，具有独特的功效，能够有效提高学生参与活动的积极性，并培养他们持续参与的良好习惯。

针对日常活动参与设置小奖品或积分奖励，这种方式能够及时给予学生正面反馈，强化他们参与活动的行为。小奖品的选择应具有一定的实用性和吸引力，学习用品如优质笔记本、钢笔等，不仅能够满足学生日常学习的需求，还能让学生在使用过程中回忆起参与活动的经历，起到持续激励的作用；书籍则可以拓宽学生的知识面，激发他们的学习兴趣，为学生提供更多的知识滋养。

积分奖励系统则为学生参与活动提供了一种具有持续性和积累性的激励机制。学生在每次参与活动后获得相应积分，这些积分可以用于兑换各种礼品或参与更高级别的活动。这种方式能够让学生感受到自己的每一次参与都有价值，并且随着积分的不断积累，学生能够获得更多的回报和机会，从而激发他们持续参与活动的动力。以线上学术讲座后的问答环节为例，这一设置巧妙地将学习与奖励相结合。在讲座过程中，学生需要认真听讲、积极思考，以便在问答环节中准确回答问题。答对的学生可获得积分或小礼品，这种即时性的奖励能够极大地提高学生参与讲座的热情。从教育心理学的角度来看，这种积极的反馈能够增强学生的学习动机，使他们更加专注于讲座内容，提高学习效果。同时，积分的积累也让学生对后续的活动充满期待，促使他们持续关注工作室的活动安排，积极参与各类活动，逐渐形成持续参与的习惯。这种活动参与奖励机制还能够营造积极活跃的活动氛围。当学生看到身边的同学通过参与活动获得奖励时，会产生一种竞争心理和模仿行为，从而带动更多的学生积极参与活动。而且，积分奖励系统的灵活性也使得工作室能够根据活动的重要性和难度调整积分设置，引导学生参与不同类型的活动，实现活动参与的多元化和均衡化，进一步丰富学生的学习体验和成长经历。

4. 展示机会激励

为表现优秀的学生提供更多展示机会，是一种能够有效激发学生内在动力、促进学生全面发展的激励方式。这种激励方式不仅关注学生的当前表现，更着眼于学生的未来发展，具有深远的教育意义和积极的社会影响。

展示机会能够极大地增强学生的自信心。当学生的成果在工作室官方平台展示，或者被推荐参加更高层次的比赛或会议时，他们会感受到自己的努力和付出得到了广泛的认可和关注。这种认可不仅仅来自工作室内部，还可能来自更广泛的学术领域或社会群体。在这个过程中，学生能够看到自己的价值和能力得到了外界的肯定，从而对自己的未来充满信心。例如，将学生的优秀学术论文在工作室公众号发布，这一过程让学生看到自己的研究成果能够在一定范围内传播，吸引他人的关注和讨论，这种成就感能够极大地提升学生的自信心，使他们更加勇敢地面对未来的挑战。

同时，展示机会能够扩大学生的影响力。在工作室官方平台展示学生成果，能够让更多的同学了解到优秀学生的经验和成就，起到示范和引领作用。其他学生可以从中学到宝贵的学习方法和经验，激发他们的学习动力和竞争意识。而推荐学生参加更高层次的比赛或会议，则为学生提供了与更优秀的人交流和竞争的平台。在这个过程中，学生能够接触到前沿的学术思想和先进的理念，拓宽自己的视野，提升自己的专业素养。他们的表现也可能引起相关领域专家和学者的关注，为未来的发展创造更多的机会和可能。以将学生优秀学术论文在工作室公众号发布，并推荐至相关学术会议进行展示为例，这种展示方式能够让学生的研究成果得到更广泛的传播和认可。在公众号发布论文可以吸引工作室成员以及其他关注教育领域的人士阅读和学习，促进知识的交流和共享。而推荐至学术会议展示，则使学生有机会在专业领域的平台上展示自己的研究成果，与同行进行深入的交流和探讨。这不仅有助于学生进一步完善自己的研究，还能让学生在学术界崭露头角，为未来的学术发展奠定基础。

（三）多渠道参与途径

1. 传统线下活动

传统线下活动在教育教学过程中占据着不可替代的重要地位，其独特的面对面交流方式和高度的互动性，为学生提供了丰富且深入的学习体验，是促进学生全面发展的关键环节。

线下活动所具备的面对面交流特性，能够营造出一种真实、直接且富有情感的沟通环境。在这种环境下，学生不仅可以通过言语进行信息传递，还能借助肢体语言、面部表情等非言语信号进行情感交流，从而更准确地理解彼此的想法和意图。这种深度的沟通有助于建立起学生之间、学生与教师之间的信任关系，为知识的传授和思想的交流奠定坚实基础。

互动性强是线下活动的另一大显著优势。相较于线上交流，线下互动更加即时、高效，学生能够迅速得到反馈并做出回应。这种实时互动能够激发学生的思维活力，促使他们积极参与讨论，充分发表自己的观点，进而培养其批判性思维和创新能力。

工作室积极开展高质量的线下活动，是充分发挥线下教育优势的重要举措。主题班会作为一种常见且有效的线下活动形式，为学生提供了一个围绕特定主题进行深入探讨的平台。在班会过程中，学生们各抒己见，分享自己独特的观点和宝贵的经验。这种思想的碰撞不仅能够拓宽学生的视野，让他们从不同角度看待问题，还能增进学生之间的相互了解，培养团队合作精神和沟通能力。例如，在以“社会责任与个人成长”为主题的班会中，学生们围绕如何在日常生活中践行社会责任展开讨论，有的学生分享了自己参与志愿服务的经历，有的学生则探讨了在校园中倡导环保行动的意义。通过这样的交流，学生们对社会责任有了更深刻的认识，同时也从同伴身上汲取了积极的力量。

案例分析会同样具有重要的教育价值。通过引入实际案例进行深入剖析，学生能够将所学理论知识与实际问题相结合，培养其解决问题的能力。在案例分析过程中，学生需要运用批判性思维对案例进行解读，分析问题产生的原因，提出切实可行的解决方案，并对方案的可行性和效果进行评估。这种基于实际情境的学习方式，能够让学生更好地理解知识的应用场景，提高他们在面对复杂现实问题时的应对能力。例如，在商业管理课程的案例分析会上，学生们通过分析某企业在市场竞争中的困境，探讨市场营销策略、组织管理模式等方面的问题，提出了一系列富有创新性的解决方案，不仅加深了对商业管理理论的理解，还锻炼了实际操作能力。

实地调研活动则为学生提供了接触社会实际、了解现实问题的直接途径。通过深入社会各个领域，学生能够亲眼看见社会现象，亲身体验社会生活，从而加深对现实问题的认识和理解。实地调研不仅能够丰富学生的感性认识，还能引导学生运用所学知识对社会问题进行理性思考，培养他们的社会责任感和使命感。例如，在社会学专业的实地调研中，学生们深入社区，了解居民的生活状况、需求以及面临的问题，通过问卷调查、访谈等方式收集数据，并运用社会学理论进行分析，提出改善社区生活的建议。

2. 线上参与途径

随着信息技术的飞速发展，互联网已经深度融入教育领域，线上参与途径成为教育发展的必然趋势。线上参与途径凭借其独特的优势，为学生提供了更加便捷、丰富和个性化的学习体验，有力地推动了教育的现代化进程。

在线学习平台作为线上参与途径的重要组成部分，为学生提供了丰富的学习资源和灵活的学习方式。工作室可以通过在线学习平台发布系统的课程视频，这些视频由专业教师精心录制，涵盖了各个学科领域的核心知识和重点内容。学生可以根据自身的学习进度和时间安排，随时随地登录平台观看课程视频，进行自主学习。同时，平台还可以提供丰富的学习资料，如电子教材、学术论文、案例分析等，满足学生多样化的学习需求。此外，在线学习平台还具备强大的教学管理功能，能够组织线上考试和作业提交，教师可以通过平台及时了解学生的学习情况，进行针对性的指导和反馈。这种自主学习模式打破了传统课堂时间和空间的限制，让学生能够根据自己的节奏进行学习，提高学习效率。

社交媒体在教育领域的应用也为学生的线上参与提供了新的渠道。工作室可以利用社交媒体开展各种形式的教育活动，如话题讨论、经验分享等。通过创建特定的话题标签，学生可以围绕感兴趣的主题展开讨论，分享自己的见解和经验。这种开放式的讨论环境能够激发学生的学习兴趣，拓宽他们的思维视野。同时，社交媒体还具有强大的互动功能，学生可以随时与教师和同学进行交流，及时解决学习过程中遇到的问题。例如，在专业学习群中，教师可以发起关于某一学术热点问题的讨论，学生们积极参与，分享自己的研究成果和观点，形成了良好的学术氛围。

直播平台的兴起为线上教育带来了新的活力。工作室可以通过直播平台开展线上讲座、培训等活动，实时与学生进行互动答疑。在直播过程中，教师可以通过视频、音频等多种形式向学生传授知识，同时利用弹幕、评论等功能与学生进行实时互动，及时了解学生的学习情况和需求。这种实时互动的教学方式能够增强学生的参与感和专注度，提高教学效果。例如，邀请行业专家通过直播平台开展专题讲座，学生可以在讲座过程中随时提问，与专家进行交流，获取最新的行业动态和专业知识。

线上参与途径的发展不仅丰富了学生的学习方式，还为教育公平的实现提供了可能。无论学生身处何地，只要具备网络条件，就能够享受到优质的教育资源，打破了地域和经济条件的限制。同时，线上学习的数据记录和分析功能也为个性化教育提供了支持，教师可以根据学生的学习数据了解学生的学习特点和需求，制定更加精准的教学计划，促进学生的全面发展。

3. 混合式参与模式

混合式参与模式作为一种融合了线上和线下教育优势的创新学习模式，正逐渐成为教育领域的重要发展方向。这种模式充分发挥了线上学习的灵活性和线下学习的深度互动性，为学生提供了更加高效、全面的学习体验，有助于提高学生的参与度和学习效果。

在开展大型项目时，混合式参与模式能够实现线上线下资源的优化整合。项目初期，通过线上平台发布项目任务、学习资料等信息，为学生提供了一个自主学习和初步探索的空间。学生可以根据自己的时间和进度，在线上学习相关知识，了解项目背景和要求，进行初步的思考和讨论。这种线上自主学习方式能够培养学生的自主学习能力和独立思考能力，让学生在项目开始前对项目有一个全面的了解，为后续的深入学习奠定基础。

在学生完成线上初步学习后，组织线下集中研讨和实践操作。线下集中研讨为学生提供了面对面交流的机会，学生可以在这个过程中分享自己在线上学习的收获和困惑，与教师和同学进行深入讨论和交流。这种面对面的互动能够激发学生的思维活力，促进思想的碰撞和交流，让学生从不同角度看待问题，拓宽思路。同时，线下实践操作环节能够让学生将所学知识应用到实际中，通过亲身体验和操作，加深对知识的理解和掌握。例如，在工程类项目中，学生通过线下实践操作，能够更加直观地了解项目的实施过程和技术要点，提高自己的动手能力和解决实际问题的能力。

项目后期，通过线上平台进行项目总结和成果展示。学生可以将自己在项目中的收获、体会以及成果以线上的形式进行展示，与其他同学分享经验和心得。这种线上成果展示不仅能够让学生获得成就感和自信心，还能促进学生之间的相互学习和交流。同时，教师可以通过线上平台对学生的项目成果进行评价和反馈，为学生提供专业的指导和建议，帮助学生进一步完善自己的学习和实践成果。

混合式参与模式还能够满足不同学生的学习需求和学习风格。对于自主学习能力较强的学生，线上学习阶段能够为他们提供更多的自主探索空间；而对于需要更多互动和指导的学生，线下集中研讨和实践操作环节能够满足他们的需求。这种个性化的学习体验能够提高学生的学习积极性和参与度，让每个学生都能在项目中充分发挥自己的优势，实现自身的发展。

混合式参与模式还能够提高教育资源的利用效率。线上学习资源可以反复使用，不受时间和空间的限制，为学生提供了持续学习的机会；线下活动则可以根据学生的实际需求和学习进度进行有针对性的组织和安排，提高教学的实效性。

第二节　学生反馈机制的设计与应用

一、反馈机制的设计原则

（一）公开性与透明性

公开性和透明性是构建学生反馈机制的基石，尤其在提升学生对反馈系统的信任度和参与积极性方面具有至关重要的作用。在传统的教育环境中，学生往往对于其意见能否被重视、反馈是否能够得到落实存在疑虑。因此，辅导员工作室在设计反馈机制时，必须确保整个反馈流程的公开和透明，让学生了解从反馈提出到处理的每一个环节。具体来说，辅导员工作室应当在工作室的官方网站、宣传册或公告栏上清晰地列出反馈渠道、反馈流程、处理时限和反馈结果的公布方式。学生能够清楚地看到，他们的反馈将如何影响决策，这种透明度能够消除学生对反馈机制的疑虑，提升他们参与的信任度和积极性。例如，辅导员工作室可以设立专门的“学生反馈专区”，并公开每一项反馈的处理进度和最终结果，这不仅能够让学生感受到其反馈意见得到尊重，也能促使辅导员工作室不断自我完善。

此外，透明的反馈机制能够有效减少信息不对称和权力距离。学生知道自己能够主动参与反馈、提出问题，并且这些问题最终能够在透明的决策过程中得到解决，能够更好地激发他们的参与意识和责任感。

（二）互动性与及时性

在传统教育环境中，反馈往往是单向的、静态的，学生提出问题后没有得到及时的回应，或是没有得到充分的解释，这样的反馈机制容易让学生失去信心和兴趣。而辅导员工作室通过设立互动性强且及时的反馈机制，可以有效增加学生的参与感和满意度。

第一，反馈机制需要具备双向交流的功能，学生提出问题或建议后，辅导员应当在较短时间内进行回应。此举不仅表明学生的声音被尊重和重视，也能够加深学生对辅导员工作室工作的理解和认同。为了保证反馈的及时性，辅导员工作室可以建立"快速响应机制"，确保所有的反馈信息都能在规定的时间内得到处理。这一过程可以通过电子邮件、在线反馈系统或手机 APP 进行跟踪和管理，确保每一条反馈都能够得到有效解决。及时反馈不仅能够增强学生对辅导员工作的信任感，还能够为学生带来更强的参与动机。例如，在学生反映活动组织存在问题时，辅导员工作室可以快速做出反馈，并提出改进意见或调整方案。

第二，辅导员工作室还应积极开展互动性强的反馈活动。通过定期的座谈会、个别访谈等方式，辅导员与学生进行面对面的交流，了解学生的意见和建议。在互动中，辅导员能够及时向学生反馈工作进展和活动安排，让学生有机会参与到工作室的决策过程中。这种互动的形式能够进一步提升反馈的透明度和学生的参与感。

（三）多样性与全面性

在学生参与活动或课程学习的过程中，不同学生的需求和表达方式可能存在较大的差异。为了确保所有学生的声音都能够被听到，辅导员工作室应当设计多种反馈方式，以适应不同学生的需求。

在实践中，辅导员工作室可以通过多种渠道进行反馈收集。例如，常见的方式包括定期的问卷调查、在线留言、匿名意见箱、焦点小组讨论等。这些方式可以确保收集到关于课程内容、教学方法、活动组织等各方面的反馈。例如，在期末时进行的学期反馈调查可以通过电子邮件、学校学习管理平台或纸质形式进行，便于广泛参与；同时，为了确保匿名性和开放性，辅导员工作室还可以设置匿名留言渠道，确保那些平时较为沉默的学生也能够表达自己的意见。

反馈机制的全面性还表现在覆盖学生群体的多样性。不同的学生群体有不同的需求和反馈方式，辅导员工作室应该关注所有学生的声音，尤其是那些较少参与活动或不善于表达意见的学生。例如，针对留学生、低年级学生等群体，工作室可以开展有针对性的反馈活动，鼓励他们提出意见。此外，通过设置线上反馈平台或专门的小范围座谈会，可以使较少发表意见的学生群体能够更加轻松地参与进来，从而全面了解学生的真实想法。通过多样化的反馈渠道，辅导员工作室能够深入了解学生在不同层面的需求和期望，为后续的活动改进、教学优化提供有力依据。全面的反馈机制还能够帮助辅导员工作室准确识别潜在的问题和差距，避免单一反馈渠道导致的片面性，确保工作的各个方面都能得到学生的充分反馈。

二、反馈机制的应用与改进

（一）实时反馈与定期总结

实时反馈是确保辅导员工作室能够快速响应学生需求和及时调整工作策略的重要手段。在活动结束后，辅导员工作室应立即通过在线反馈工具、电子表格等方式收集学生的反馈，确保学生在活动后的第一时间表达他们的意见和建议。这种反馈可以是活动内容、组织形式、参与感等各个方面的评价。通过即时反馈，辅导员工作室能够迅速了解学生的反馈，发现活动中的问题并采取有效措施，避免活动问题的积压，确保及时改进。

例如，在每次学术讲座、社会实践或志愿服务等活动结束后，辅导员工作室可以通过在线问卷或反馈表格，向参与学生收集意见。这些反馈内容通常包括学生的满意度、活动收获、活动形式是否吸引人、内容安排是否合理等。通过学生的即时反馈，辅导员工作室可以迅速识别出活动中的问题，并及时调整改进策略。在反馈收集后，定期总结和分析学生反馈结果，进一步优化工作室的活动组织和服务质量。定期总结不仅有助于提高当前活动的质量，还能为未来的活动设计提供宝贵经验。例如，辅导员工作室可以将多次活动反馈进行对比，发现哪些活动内容最受学生欢迎，哪些活动组织形式最具吸引力，哪些细节存在问题。通过这些数据，工作室能够不断优化活动策划和组织，提高整体教育效果和学生满意度。

（二）数据化分析与反馈处理

将反馈信息进行数据化处理，是辅导员工作室进行精准决策和改善教育质量的重要工具。通过数据化分析，辅导员工作室能够从大量的学生反馈中提取出关键信息，识别学生需求的趋势和活动效果的变化，形成系统性的改进策略。

辅导员工作室可以利用数据分析工具，将学生的反馈信息进行整理和分类。例如，通过在线问卷收集到的反馈数据可以包含学生对活动内容的满意度、活动安排的合理性、教学方式的有效性等多个维度。将这些数据进行统计分析，能够清晰地呈现出哪些方面存在较大的改进空间，哪些活动或教学方法受到了学生的广泛欢迎。通过数据化分析，辅导员工作室能够从宏观上理解学生的需求和反馈。例如，如果通过数据分析发现，学生普遍反馈某一活动形式过于单一，缺乏互动性，辅导员工作室可以根据这一信息调整活动内容，增设更多互动环节，提高学生参与度。如果学生普遍反映对某个主题讲座兴趣不高，工作室也可以根据数据分析结果，调整未来讲座的主题选择，确保活动更符合学生的兴趣和需求。

数据化反馈还能够帮助辅导员工作室跟踪改进措施的效果。在对学生反馈进行分析后，工作室可以根据学生提出的问题制定针对性的改进措施，并通过后续活动的反馈数据评估这些改进措施的效果。比如，通过分析前后反馈数据，工作室能够判断是否通过调整活动形式、内容或互动方式，显著提升了学生的参与感和满意度。

第三节 学生工作成效与满意度评估

一、工作成效的评估标准与方法

（一）学术成绩与能力提升

1．学术成绩层面

学术成绩在评估学生工作成效中扮演着举足轻重的角色，它是衡量教育活动效果的核心指标之一。从教育测量与评价理论的角度来看，学术成绩作为一种量化数据，能够在一定程度上直观地反映出学生对知识的掌握程度以及教育活动对学生学习成果的影响。在辅导员工作室开展的丰富多样的各类活动中，学生的学术表现宛如一面精准的镜子，能够清晰且全面地映照出教育活动的实际成效。

学科竞赛作为学术能力的重要检验场，具有独特的评估价值。在学科竞赛中，学生需要综合运用多学科知识，将理论与实践紧密结合，解决复杂的实际问题。这一过程不仅考验学生对专业知识的深度理解和灵活运用能力，更能体现其在问题解决、创新思维以及团队协作等方面的综合素质。以数学建模竞赛为例，学生在竞赛中需要综合运用数学、计算机等多学科知识，构建合理的数学模型来解决实际问题。通过对比参赛前后学生在相关学科课程中的成绩变化以及竞赛中的获奖情况，运用科学的数据分析方法，如成绩的均值、方差分析等，能够精确量化评估工作室在培养学生学科综合应用能力方面的成效。同时，学科竞赛的成绩还可以与同类型竞赛的历史数据以及其他院校学生的成绩进行横向比较，从而更准确地评估工作室在提升学生学术竞争力方面的工作效果。

科研项目同样是观察学生学术发展的关键窗口。参与科研项目要求学生具备一系列系统的科研技能，包括文献查阅、实验设计、数据分析、论文撰写等。这些技能的培养和提升是学生学术成长的重要标志。学生在科研项目中的成果，如发表的学术论文、获得的专利等，不仅体现了其在专业领域的探索深度和创新能力，也反映了工作室在科研引导和培养方面的工作效果。以某专业的科研项目为例，学生在导师和辅导员工作室的精心指导下，深入研究特定课题，通过严谨的实验设计、大量的数据采集与分析，最终在核心期刊发表高质量论文。这一成果不仅展示了学生个人的学术能力，更直观地体现了工作室在学术培养上的积极作用。从学术规范和学术影响力的角度来看，论文的发表刊物级别、引用次数等指标，也可以作为评估工作室科研培养成效的重要参考依据。

2. 综合能力提升层面

在当今多元化、全球化的社会环境下，学生综合能力的提升已成为评估学生工作成效不可或缺的重要部分。从人才培养的全面性和适应性角度出发，团队合作能力、沟通能力、创新思维等综合能力对于学生的未来发展具有至关重要的意义。在辅导员工作室组织的各类活动中，学生这些能力的展现成为衡量工作成效的重要依据。

团队合作能力方面，许多活动都以团队形式开展，如学科竞赛、大型社会实践项目等。在这些活动中，学生能否与团队成员有效协作，合理分工，发挥各自优势，共同完成任务，是评估团队合作能力的关键。以一次模拟商业项目为例，学生需要组建团队，分别负责市场调研、产品设计、营销策略制定等不同环节。在项目推进过程中，涉及团队成员之间的信息共享、决策制定、冲突解决等多个方面。通过观察团队在这些方面的协作情况，运用团队协作评估量表等专业工具，对团队成员之间的沟通频率、协作效率、角色履行情况等进行量化评估，以及最终项目成果的质量和创新性，能够全面、客观地判断工作室在培养学生团队合作精神和协作能力方面的成效。同时，还可以通过对团队成员的个体反馈和团队整体的反思总结，深入了解团队合作过程中的优点和不足，为进一步提升团队合作能力提供针对性的建议。

沟通能力也是综合能力评估的重要维度。在活动中，学生需要与教师、同学进行信息交流、观点表达和意见反馈。良好的沟通能力能够确保信息准确传递，促进活动顺利开展。从沟通理论的角度来看，沟通包括语言沟通和非语言沟通，有效的沟通需要具备清晰的表达能力、敏锐的倾听能力以及良好的反馈能力。例如，在学术研讨会上，学生能否清晰阐述自己的研究观点，运用恰当的学术语言和逻辑结构，使听众能够准确理解其核心思想；能否倾听他人意见，捕捉关键信息，并进行有效回应，这些都是反映其沟通能力水平的重要方面。工作室通过组织各类交流活动，如学术论坛、小组讨论、项目汇报等，为学生提供锻炼沟通能力的平台。其成效可通过对学生在这些场景中的表现进行多维度评估，包括语言表达的流畅性、准确性、逻辑性，肢体语言的运用，以及与他人互动的效果等。同时，可以采用同伴评价、教师评价相结合的方式，提高评估的客观性和全面性。

创新思维能力同样不容忽视。在创新创业项目、学术研究等活动中，学生是否能够突破传统思维模式，提出新颖的观点、方法或解决方案，是衡量创新思维能力的重要指标。从创新教育理论的角度来看，创新思维的培养需要营造宽松的学术环境、鼓励质疑和探索精神。例如，参与创新创业项目的学生成功创立具有创新性的团队，并将创新理念应用于实践，推出独特的产品或服务。这一过程不仅体现了学生的创新思维，还涉及市场洞察力、风险评估能力、资源整合能力等多个方面。通过对创新创业项目的过程跟踪和成果评估，包括项目的创新性、可行性、市场潜力等指标，以及学生在项目中提出的创新点数量、创新方法的应用效果等，可以全面评估工作室在培养学生创新思维方面的成果。

（二）思想政治素质提升

1. 评估的重要性与理论依据

辅导员工作室作为学生思想政治教育的重要阵地，其在思想政治教育方面的成效评估具有深远的战略意义。思想政治素质不仅关乎学生个人的价值观塑造、道德修养和人格完善，更关系到国家和社会的未来发展。从马克思主义关于人的全面发展学说来看，人不仅要在智力、体力等方面得到充分发展，更要在思想政治道德方面达到较高水平。这一学说强调了思想政治教育在人的全面发展中的重要地位，为辅导员工作室的思想政治教育工作提供了坚实的理论基础。准确评估辅导员工作室在思想政治教育方面的成效，是确保学生全面发展的关键环节。通过科学的评估，可以及时了解学生思想政治素质的发展状况，发现教育过程中的问题和不足，为调整教育策略、优化教育内容和方法提供依据，从而提高思想政治教育的针对性和实效性，促进学生在思想政治道德方面的健康成长。

2. 具体评估方法与指标

对辅导员工作室思想政治教育成效的评估，通常借助学生对思想政治教育内容的认知和态度变化来实现。问卷调查是一种广泛应用且行之有效的评估方法。从问卷设计的科学性和专业性角度来看，需要精心设计问卷，涵盖社会主义核心价值观、社会责任感、集体主义精神、爱国主义情怀等多个关键维度。通过合理设置问题类型，如选择题、简答题、量表题等，全面了解学生在参与工作室活动前后的思想动态变化。例如，在问卷中设置关于对社会主义核心价值观内涵理解的题目，通过对比活动前后学生的答题情况，运用统计学方法进行数据分析，如均值比较、相关性分析等，判断其对社会主义核心价值观的认知是否深化。同时，可以设置开放性问题，让学生自由表达对思想政治教育内容的理解和感受，以便更深入地了解学生的思想状况。

座谈会也是一种重要的评估手段。在座谈会上，学生能够更自由地表达自己的观点和感受，分享参与思想政治教育活动后的内心体验。辅导员可以引导学生围绕特定主题展开讨论，如对某次爱国主义教育活动的感受、对社会热点问题的看法等。通过倾听学生的发言，观察学生的情绪反应和互动情况，了解学生在情感认同、思想启发、行为意向等方面的收获，从而深入洞察思想政治教育活动对学生态度和价值观的影响。在座谈会过程中，可以采用录音、录像等方式进行记录，以便后续进行详细的文本分析和内容编码，提取关键信息，提高评估的准确性和可靠性。

3. 评估结果的应用与反馈

通过问卷调查、座谈会等方式收集到的数据和信息，为辅导员工作室提供了宝贵的反馈。工作室应深入分析这些数据，运用专业的数据分析方法和工具，如 SPSS 统计软件等，找出思想政治教育工作中的优势与不足。例如，如果发现学生对集体主义精神的认同度在活动后有所提升，但对社会责任感的理解仍存在模糊之处，工作室可以针对性地调整后续活动内容，加强对社会责任感的教育引导。可以通过组织主题班会、社会实践活动等形式，引导学生关注社会问题，参与社会公益活动，增强学生的社会责任感。同时，将评估结果反馈给思想政治教育工作者，组织教师进行研讨和反思，共同探讨改进教育方法和策略。

（三）学生满意度与参与度

1. 学生满意度与参与度的重要意义

学生的满意度与参与度是衡量辅导员工作室工作成效的直观且关键的指标。从教育心理学的角度来看，学生在积极参与且满意的学习环境中，更易于投入学习和成长，能够更好地吸收知识、提升能力。学生作为工作室活动的直接参与者，他们的体验和反馈直接反映了工作室工作是否满足了学生的需求，是否激发了学生的积极性和主动性。满意度高的学生更有可能积极参与工作室组织的各项活动，主动与教师和同学互动，从而形成良好的学习氛围和教育生态。同时，学生的参与度也是衡量教育活动吸引力和有效性的重要指标。高参与度表明学生对活动内容和形式感兴趣，愿意投入时间和精力，这有助于提高教育活动的效果。因此，关注学生满意度与参与度，对于提高工作室工作质量，促进学生全面发展具有重要意义。

2. 具体评估方式与内容

为全面、准确地了解学生满意度与参与度，辅导员工作室应定期开展多样化的评估活动。在线问卷是一种便捷高效的方式，通过设置涵盖活动内容、教学方法、辅导员服务、活动组织等多个维度的问题，广泛收集学生的意见和建议。在问卷设计方面，需要遵循问卷设计的基本原则，如问题的清晰性、合理性、有效性等。例如，在问卷中询问学生对某次讲座内容的实用性评价，采用李克特量表的形式，让学生从“非常有用”“比较有用”“一般”“不太有用”“完全没用”五个选项中进行选择；对实践活动组织安排的合理性感受，设置“组织有序”“基本有序，但存在一些问题”“比较混乱”等选项；以及对辅导员在活动中指导和支持的满意度等问题。同时，可以设置开放性问题，让学生提出具体的改进建议和意见。

学生座谈会则为学生提供了面对面交流的平台。在座谈会上，学生可以更详细地阐述自己的观点，分享参与活动的具体体验，提出对工作室工作的期望和改进建议。辅导员可以通过引导性问题，深入了解学生对活动内容深度与广度的看法，如询问学生：“您认为本次活动的内容是否深入，是否满足您的学习需求?”对教学方法是否符合学习需求的感受，如：“您觉得本次活动采用的教学方法是否有助于您理解和掌握知识?”以及对辅导员与学生互动效果的评价等，如：“辅导员在活动中与您的互动是否充分，对您的帮助大吗?”通过学生的回答，全面了解学生的需求和意见，为改进工作提供依据。

3. 基于评估结果的改进措施

收集到学生的反馈信息后，辅导员工作室应高度重视并及时进行分析总结。针对学生提出的问题和建议，制定切实可行的改进措施。例如，如果学生普遍反映活动内容过于理论化，缺乏实践应用，工作室可以调整后续活动安排，增加实践环节比重，邀请行业专家进行案例分享和实践指导。同时，可以建立实践基地，为学生提供更多的实践机会。若学生对辅导员服务提出更高要求，工作室可以加强辅导员培训，提升其服务意识和专业能力，包括开展沟通技巧培训、心理咨询培训等，确保学生的需求得到及时满足。通过持续关注学生满意度与参与度，不断优化工作策略和服务质量，辅导员工作室能够更好地满足学生需求，提高学生的参与热情，从而实现工作成效的稳步提升。

二、学生工作成效与满意度分析

（一）定量与定性分析结合

1. 定量分析的重要性与应用

学生工作成效评估中的定量分析是一种基于数据的科学评估方式，具有不可替代的重要性。它侧重于对各类具体数据的统计与分析，这些数据涵盖了多个关键领域，如学科竞赛成绩、活动参与人数、学术成果等。

学科竞赛成绩是衡量学生学术能力和创新水平的重要指标。通过统计学生在各类学科竞赛中的获奖情况、排名变化等数据，可以直观地了解辅导员工作室在培养学生专业技能和竞争意识方面的成效。例如，在数学建模竞赛、物理奥林匹克竞赛等赛事中，学生的成绩提升幅度能够清晰地反映出工作室在相关学科知识拓展和实践应用能力培养上的努力成果。

活动参与人数则体现了学生对工作室组织活动的积极性和关注度。较高的参与人数通常意味着活动内容和形式具有一定的吸引力，符合学生的兴趣和需求。对不同类型活动参与人数的统计分析，可以帮助工作室了解学生在学术、文体、实践等各个领域的参与倾向，为后续活动策划提供数据支持。

学术成果方面，包括学生发表的论文数量、质量，参与的科研项目进展及成果等数据，能够有力地证明工作室在推动学生学术研究能力提升方面的工作成效。例如，学生在核心期刊发表的论文数量增加，或者在科研项目中取得创新性突破，都直接反映了工作室在学术引导和资源支持上的积极作用。

2. 定性分析的必要性与实施方式

尽管定量分析能够提供清晰的数据支撑，但它无法完全触及学生的内在需求、情感体验以及对活动深层次的看法。因此，定性分析在学生工作成效评估中具有不可或缺的地位。定性分析旨在深入了解学生的主观感受和想法，通过多种方式收集丰富的质性信息。学生的个人反馈是一种直接且宝贵的信息来源。工作室可以鼓励学生以书面报告、电子邮件等形式分享自己参与活动的独特经历、收获以及遇到的问题。这种个性化的反馈能够揭示出一些定量数据难以体现的细节，如学生在活动中的心理成长历程、对特定教学环节的具体感受等。座谈会是另一种重要的定性分析方法。通过组织学生座谈会，营造开放、自由的交流氛围，让学生围绕特定主题展开深入讨论。在座谈会上，学生可以相互分享观点，共同探讨活动的优点与不足，提出对未来活动的期望和建议。辅导员可以引导讨论方向，深入挖掘学生对活动内容、组织形式、与自身发展需求契合度等方面的看法，获取全面而深入的信息。开放式问题调查也是常用的定性分析手段。在调查问卷中设置开放式问题，给予学生充分的表达空间，让他们自由阐述对活动的态度、需求和期待。

（二）学生满意度的综合评价

1. 学生满意度的核心地位

学生满意度作为衡量辅导员工作室是否成功的核心指标之一，具有不可忽视的重要性。它直接反映了学生对工作室所提供教育服务的认可程度和接受体验，是检验工作室工作是否符合学生需求的关键标准。

辅导员工作室通过定期开展满意度调查，全面收集学生对活动内容、辅导员服务、教学方法等多个方面的反馈信息。这些反馈如同一面镜子，清晰地映照出工作室工作的优点与不足。当学生的满意度较高时，表明工作室的教育活动在内容设计、组织实施以及辅导员服务等方面都能够较好地满足学生的需求，符合学生的期望，体现了工作室在教育教学过程中的有效性和高质量。相反，较低的满意度则明确指出了活动中存在的问题和需要改进的方向，为工作室的工作优化提供了重要线索。

2. 综合评价的方法与实践

为了实现对学生满意度的科学、全面评价，辅导员工作室需要运用系统的方法对定期满意度调查所收集的数据进行深入分析。

对各项活动的满意度进行详细统计和分析是关键步骤。工作室可以将不同类型的活动（如学术讲座、实践活动、社团活动等）的满意度数据进行分类整理，对比各项活动在学生中的受欢迎程度。通过这种对比分析，能够清晰地了解到哪些活动形式更受学生青睐，哪些活动在内容、组织或其他方面存在不足，导致学生满意度较低。例如，在某次满意度调查数据分析中发现，学生对学术讲座的满意度较高，而对部分实践活动的满意度较低。进一步分析发现，学术讲座邀请的专家具有深厚的专业造诣，讲解内容深入浅出，与学生的专业学习紧密结合，因此受到学生欢迎。而实践活动满意度低的原因可能是活动内容与学生专业实际应用联系不够紧密，或者活动组织过程中存在流程不清晰、资源调配不合理等问题。基于这样的分析结果，辅导员工作室可以有针对性地采取改进措施。对于受欢迎的活动形式，可以总结成功经验，在后续活动中加以推广和优化；对于满意度较低的活动，则需要深入剖析问题根源，从活动内容、组织形式、教学方法等多个方面进行调整。例如，优化实践活动内容，增加与专业实际应用的结合度，加强活动组织管理，提前规划好活动流程，合理调配资源，确保活动顺利开展。通过这些措施，逐步提升学生对各类活动的参与度和满意度，实现工作室教育教学质量的整体提升。

（三）改进方案与长期跟进

1. 基于反馈的针对性改进方案制定

基于学生的反馈以及全面且深入的评估结果，辅导员工作室制定具有高度针对性的改进方案具有极其重要的现实意义，这对于优化活动形式、内容设置以及服务质量等多个关键维度至关重要。学生作为工作室各项活动和服务的直接体验者，他们所提供的反馈是工作室精准发现问题、深度剖析问题并有效改进工作的核心依据。每一条反馈都绝非孤立存在，而是蕴含着学生对工作室工作的殷切期望和极具建设性的建议，对于工作室的发展和完善具有不可估量的价值。从活动时间安排的角度来看，如果学生反馈某项活动的时间安排不尽合理，导致部分学生因课程冲突或其他客观因素无法参与其中，这一问题必须引起辅导员工作室的高度重视。在现代教育环境下，学生的学习生活节奏紧凑且多样化，课程安排、个人事务等因素相互交织。因此，工作室在调整活动时间时，需要运用科学的调研方法，全面收集学生的课程表信息，深入分析课余时间分布规律，结合大数据分析技术，综合考虑不同专业、不同年级学生的特点和需求。

就活动内容设置而言，若学生提出活动内容过于侧重理论知识，而缺乏与实际应用紧密结合的实践环节，工作室应在后续活动设计中进行全面且深入的调整。在当今社会，知识的快速更新和行业的多元化发展要求学生具备将理论知识转化为实际应用的能力。因此，工作室可以引入项目式学习、案例教学法等先进的教学理念，增加实践案例分析、实地调研、模拟操作等丰富多样的实践内容。例如，在专业相关的活动中，引入实际项目，让学生分组完成项目任务，从需求分析、方案设计到实施和评估，全过程锻炼学生的实践能力；组织实地调研活动，让学生深入企业、社区等实际场景，了解行业现状和社会需求，增强学生对知识的感性认识；开展模拟操作活动，模拟真实工作环境和业务流程，让学生在实践中掌握技能，提高解决实际问题的能力。

2. 长期跟踪与持续改进策略

改进方案的有效实施并非一朝一夕之功，而是一个需要长期投入、持续推进的复杂过程。因此，辅导员工作室必须建立完善的长期跟踪机制，密切关注学生的满意度与参与度变化情况。在教育领域，学生的需求和期望随着时代发展、个人成长等因素不断演变，只有通过长期的数据积累与深入的反馈分析，工作室才能全面、动态地把握学生需求的变化趋势，精准识别出长期存在的深层次问题以及潜在的未被满足的需求，进而制定出更具前瞻性、科学性和有效性的长期改进策略。

在长期跟踪过程中，工作室应构建一套完善的数据记录系统，这一系统应具备全面性、准确性和实时性的特点。定期收集和整理学生满意度调查数据、参与度数据以及学生通过各种渠道提供的各类反馈信息，形成一个丰富且具有深度的数据库。通过运用专业的数据分析方法和工具，如数据挖掘技术、统计分析软件等，对这些数据进行纵向分析，深入观察学生满意度和参与度在不同时间段的变化趋势。例如，采用时间序列分析方法，研究学生满意度和参与度随时间的波动情况，找出其中的周期性规律和异常变化点；运用相关性分析，探究不同因素与学生满意度和参与度之间的内在联系，找出影响这些变化的关键因素。

假设经过一段时间的细致观察发现，尽管工作室针对某项活动进行了一系列改进措施，但学生满意度并未出现显著提升。此时，借助深度数据分析工具，进一步挖掘数据背后的深层次原因。可能是由于改进措施未能精准触及问题的核心，只是对表面现象进行了调整，而没有从根本上解决学生关注的关键问题；也可能是在改进措施的实施过程中存在执行不到位的情况，如资源配置不合理、工作人员沟通协调不畅等，导致改进方案无法有效落地。

基于长期跟踪和深度数据分析的结果，工作室可以对教学内容、活动形式、服务模式等多个方面进行全面且持续地优化。在教学内容方面，紧密结合学生兴趣和专业发展需求的动态变化，运用前沿的教育研究成果和行业发展趋势，适时调整教学内容的深度和广度。例如，引入跨学科知识融合的教学理念，打破学科界限，拓宽学生的知识视野；根据行业最新技术和发展动态，更新专业知识内容，确保学生所学知识与市场需求紧密接轨。在活动形式方面，依据不同活动的反馈情况，积极借鉴国内外先进的教育活动模式，不断创新活动形式，提高活动的吸引力和实效性。例如，采用线上线下混合式教学模式，结合虚拟现实、增强现实等技术手段，为学生提供更加沉浸式、互动式的学习体验；开展主题式探究活动，引导学生自主发现问题、解决问题，培养学生的创新思维和实践能力。在服务模式方面，通过加强辅导员培训和团队建设，提升服务质量和水平。组织辅导员参加专业培训课程、学术研讨会等，不断更新知识结构，增强专业素养和服务意识；建立完善的辅导员绩效考核机制，激励辅导员积极主动地为学生提供个性化、全方位的服务。

参考文献

［1］舒卫征．网络视阈下提高大学生思政教育实效性的策略分析与思考［J］．普洱学院学报，2018，34（6）：102-103.

［2］朱泉．浅谈如何利用网络开展好党建和思政教育工作：评《网络党建理论与实践研究》［J］．新闻爱好者，2018（10）：113.

［3］刘佳．网络视域下高校思想政治教育面临的机遇、挑战及其创新研究［J］．湖北函授大学学报，2018，31（19）：111-113.

［4］余娜．基于网络媒体的大学生思政教育改革分析：评《网络思想政治教育研究》［J］．新闻爱好者，2018（8）：101.

［5］张欣然，李雅君．新时代大学生劳动教育对策探析：以温州商学院为例［J］．继续教育研究，2021（9）：91-93.

［6］吴玉剑，方兵．高校辅导员在大学生劳动教育中的角色定位摭探［J］．教育探索，2022（8）：79-83.

［7］姚月红，朱佳莉．新耕读文化在大学生劳动教育中的现实启示［J］．高校辅导员学刊，2023，15（4）：72-76＋99.

［8］傅艺娜．辅导员思想引领能力：内涵、构成与提升策略［J］．高校辅导员，2019（4）：38-41.

［9］周超．新时代高校辅导员政治引领力提升路径探讨［J］．扬州大学学报（高教研究版），2022，26（3）：65-69.

［10］杨建义，吴新菊．新时代高校辅导员政治引领的任务、挑战与提升

路径［J］. 思想理论教育，2020（4）：86-91.
［11］赵楠，蒲清平，朱丽萍，等. 马克思主义信仰困境与境界超越：对20所高校辅导员的实证研究［J］. 重庆大学学报（社会科学版），2016，22（2）：193-199.
［12］安淇，王成宁，马志雯. 新时代高校辅导员政治引领力提升探析［J］. 公关世界，2022（12）：51-52.
［13］张春雨. 新时代高校辅导员政治引领能力提升研究［J］. 河北农业大学学报（社会科学版），2022，24（4）：126-132.
［14］王胡英. 高校辅导员社会角色的基本属性及其特征探析［J］. 思想教育研究，2017（11）：103-106.
［15］张睿，吴志鹏，黄枫岚. "00后"大学生的思想观念及行为倾向研究［J］. 思想理论教育，2021（6）：93-99.
［16］郭宝盛，黄云峰. 工匠精神在辅导员工作室建设中的价值实现［J］. 现代交际，2018（5）：27.
［17］陈秀兰，洪汉英，王鑫. 专家型高校辅导员培养模式下辅导员工作室建设标准研究：以上海高校洪汉英工作室建设为例［J］. 课程教育研究，2015（26）：5-6.
［18］覃柳云. 辅导员工作室：高校辅导员职业能力发展的新动力［J］. 教育教学论坛，2018（45）：17-18.
［19］李凡. 高校辅导员工作室运行机制的实践探索［J］. 高校辅导员，2014（5）：41-43.